Das deutsche Jahrhundert

Staatskonzepte der Zukunft

Michael Winkler

Originalausgabe 04/2008

J.K.Fischer-Verlag GmbH
Postfach 27 63
D-63563 Gelnhausen
Tel..: 0 60 58 – 91 61 55
Fax: 0 60 58 – 91 61 58

www.j-k-fischer-verlag.de

ISBN 978-3-940845-22-1

Umschlaggestaltung von

FELIDAE
design & multimedia

www.felidae-multimedia.com

Das deutsche Jahrhundert

Staatskonzepte der Zukunft

von

Michael Winkler

J.K.Fischer-Verlag

**Aus dunkler Sklaverei
durch blutigem Kampf
in die goldene Zukunft!**

Über dieses Buch

Dieses Buch enthält Konzepte für einen neuen, einen besseren Staat, ein erneuertes Deutschland. Es ist kein Handbuch dafür, den bestehenden Staat zu zerstören. Das Ziel ist nicht die Revolution, nicht der Umbruch, schon gar nicht der gewaltsame. Es wäre vielleicht eine Anleitung, den Staat umzugestalten, aber kein Staat ist bereit, sich ohne eine Notlage zu verändern. Selbst Preußen, das Musterbeispiel für einen effizienten und bestens organisierten Staat, war erst nach der verheerenden Niederlage gegen Napoleon zu jenen Staatsreformen bereit, von denen wir noch heute profitieren.

Meiner Meinung nach stehen wir vor einem großen geschichtlichen Umbruch, vor einem Zusammenbruch all dessen, was wir heute als selbstverständlich und unvergänglich ansehen. Diese Zerstörung führt zu einer Stunde Null, einem Neuanfang. In dieser Stunde Null können wir entweder improvisieren, oder wir greifen in die Schublade und holen die Reformkonzepte hervor, die dort bereitliegen und jetzt umgesetzt werden können, um gleich von Anfang an einen besseren Staat zu entwerfen.

Insofern ist dieses Buch ein Buch für die Schublade, denn es enthält Staatskonzepte. Aber da selbst die mir bekannten Juristen eine andere Bettlektüre bevorzugen als Gesetzbücher, habe ich zwischen diese Konzepte immer wieder Kapitel mit anekdotischem oder unterhaltendem Inhalt eingestreut. Insofern ist dieses Buch ebenfalls ein Lesebuch, das unterhalten und amüsieren soll.

Das ist natürlich ein böser Trick, der Sie verführen soll, das Buch zu lesen, bevor Sie es in die Schublade stecken. Dann wissen Sie nämlich, was dort auf Sie wartet.

Inhalt

Ein sterbender Staat

Staaten haben eine begrenzte Lebensdauer, auch wenn es uns so erscheint, als hätte es sie „schon immer“ gegeben. Weil es vergleichsweise wenige Staaten gibt, sind diese Ereignisse selten – abgesehen davon finden sie zumeist in anderen Weltgegenden statt. Unser eigener Staat, die Bundesrepublik des vereinten Deutschlands (BRdvD, oder auch BRD bzw. DDR Version 2) existiert seit 1990. Sie hatte zwei Staaten als „Eltern“, die alte BRD und die alte DDR. Wie bei menschlichen Kindern trägt die BRdvD Merkmale beider Elternteile in sich.

Aus der DDR wurde die SED übernommen. Damit meine ich nicht allein die Partei, die immer wieder ihren Namen wechselt und nach PDS heute „Die Linken“ heißt, sondern auch SPD, CDU, CSU, FDP und Die Grünen. Jede Partei für sich funktioniert heutzutage wie einstmals die SED. Das einfache Mitglied hat wenig zu sagen, der Aufstieg innerhalb der Partei ist gleichbedeutend mit einer staatlichen Karriere. Zu einer innerparteilichen Position gehört mittlerweile ein Mandat oder Amt, je nach Höhe der Position. Der Ortsvorsitzende ist Stadt- oder Gemeinderat, der Kreisvorsitzende Landtagsabgeordneter oder im Bundestag, eventuell auch Bürgermeister oder Landrat. Bezirksvorsitzende sind Landesminister, Landesvorsitzende Ministerpräsidenten oder Bundesminister.

Zum Ausgleich hat die Partei immer recht, denn wer gegen die Interessen der Partei verstößt, verliert schnell Amt und Mandat. Wie in der DDR schließen sich die heutigen Parteien gerne zum „antifaschistischen Block“ zusammen, wenn eine neue Partei auftaucht, welche die Pfründen der etablierten gefährdet. Selbst wenn eine NPD ihre Anträge wortwörtlich bei einer Blockpartei abschreibt, bekommt sie dafür keine Zustimmung, weil ab sofort die früheren Urheber gegen diesen Vorschlag und für „die Solidarität der Demokraten“ stimmen.

Die BRD hat uns die Reisefreiheit hinterlassen, die DDR die Beschränkungen derselben. Wenn jemand zum falschen Ziel reisen möchte, einer Historiker-Konferenz zu einem unerwünschten Thema, erlebt er die BRdvD als großes Gefängnis. Von der BRD stammt die Meinungsvielfalt. Statt zweier Kanäle Staatsfernsehen wie in der DDR finden Sie im Kabel oder Satellit gleich 100 Kanäle – und wenn das nicht reichen sollte, können Sie weitere hinzukaufen. Aber kennen Sie einen einzigen Dissidenten-Kanal? Einen einzigen Fernsehsender, der gezielt Opposition gegen die Regierung oder das Gesellschaftssystem betreibt? Natürlich nicht, da sind sich alle einig.

Die heilige Kuh der DDR, die „Errungenschaften des Sozialismus“, wurde geschlachtet. Die neue heilige Kuh ist die ewige und unsühnbare deutsche Schuld, die in all diesen Fernsehkanälen unaufhörlich zitiert wird. Der Staatsfunk übernimmt hierbei die Meinungsführerschaft, er produziert die übelsten Propagandasendungen. So entsteht ein völlig verzerrtes Geschichtsbild, das ein ganzes Volk zu Zahlknechten fremder Interessen werden läßt.

Die alte DDR war ein Überwachungsstaat, voller Spitzel, Denunzianten und inoffizieller Mitarbeiter. In der alten BRD gab es hohe Hürden für die Überwachung der Bürger, der „große Lauschangriff“ erregte die Gemüter. In der BRdvD ist die Überwachung viel einfacher geworden. Das Internet bedeutet nicht nur weltweite Kommunikation, es bedeutet auch weltweite Überwachung. Ausländische Geheimdienste informieren deutsche Behörden über deutsche Bürger, wo deutsche Dienste noch gesetzlichen Beschränkungen unterliegen.

Überwachungskameras können bald unsere Gesichter erkennen, Mautbrücken und Polizeiscanner erfassen schon jetzt ständig unsere Autokennzeichen. Kontobewegungen werden überwacht, wer größere Mengen Bargeld mit sich führt, ist mittlerweile verdächtig und muß jederzeit beweisen können, daß er dieses rechtmäßig besitzt und natürlich versteuert hat. Bei Gewalttaten und Hilfsbedürftigkeit schauen die Menschen weg, bei politisch abweichender Meinung finden sich dafür zahlreiche Denunzianten, die voller Zivilcourage anonyme Anzeigen erstatten.

Wie einst in der DDR werden Meinungsabweichler zu Verbrechern erklärt und inhaftiert. Ganz selektiv, nach Behördenwillkür. Wenn der falsche Historiker leichtfertig eine Erkenntnis aus seiner Forschung veröffentlicht, die dem gewünschten Geschichtsbild widerspricht, findet er sich ganz schnell im Gefängnis wieder. Gewaltverbrechen sind läßliche Sünden, dafür gibt es Bewährung, Gedankenverbrechen hingegen werden mit aller Härte bestraft.

Dieser neue deutsche Staat existiert seit 1990. Seine Eltern wurden 1949 ins Leben befohlen, von den Besatzungsmächten. Der Staat davor existierte von 1933 bis 45, sein Vorgänger ist 1919 entstanden, dessen Vorgänger 1871. Kein Staat existiert ewig, jeder Staat unterliegt Umbrüchen und Veränderungen.

Die DDR wurde am 9. November 1989 zum Zombie, zu einem toten Staat, der sein Ende noch nicht eingesehen hatte. Dieser Zombie begann, sich in einem fort zu häuten, sich umzugestalten, sich der neuen Zeit anzupassen, im verzweifelten Versuch, doch noch zu überleben – aber letztlich vergebens.

Jeder sterbende Staat kämpft durch hektische Veränderungen um sein Überleben. Das war in Frankreich vor 1789 nicht anders als in Deutschland 1932. Doch diese Umgestaltungen, diese Zugeständnisse, diese Verbesserungen führen nicht zum Erfolg, sollen sie doch letztlich das bewahren, was sich längst überlebt hat. Es geht dabei um die Macht der Etablierten, deshalb greifen solche Reformen zu kurz. Was 1985 die DDR gerettet hätte, vermochte 1990 nicht einmal mehr das Ende hinauszuzögern.

Das Kind der beiden vorherigen deutschen Staaten, die Nicht-mehr-DDR und zugleich Doch-nicht-BRD, steht ebenfalls vor ihrem Ableben. Der Staat hat seinen inneren Zusammenhalt aufgegeben. Mehr als 15 Millionen Fremde, „Menschen mit Migrationshintergrund", haben die völkische Einheit aufgelöst. Einer kleinen Gruppe von Superreichen stehen eine schrumpfende Mittelschicht und eine wachsende, immer weiter verarmende Unterschicht gegenüber, das klare Zeichen einer nicht mehr existierenden sozialen Einheit. Die deutschen Schulen waren einmal die besten der Welt, die Universitäten führend. Heute haben wir Bildungsnotstand und Lehrermangel, PISA-Studien und überfüllte Massenuniversitäten, die dem „internationalen Standard" hinterherhecheln, anstatt die Weltspitze selbst zu definieren.

Die DDR war kein souveräner Staat, dem hat niemand widersprochen. Die Genossen aus Moskau haben befohlen, wohin die Volksarmee marschiert und was in der Wirtschaft zu geschehen hat. Bei der BRdvD bestimmt der Große Bruder in Washington, daß die Freiheit im Hindukusch verteidigt werden soll und das Politbüro in Brüssel, was in der deutschen Wirtschaft zu geschehen habe.

Wie stark der deutsche Staat ist, können Sie an der Entwicklung der EWG / EG / EU ablesen, das moderne Gegenstück zum Versailler Vertrag. Mit den Geldern des Marshall-Planes (die Deutschland als einziges Land vollständig zurückgezahlt hat und die einen Bruchteil jener Zerstörungen, Plünderungen und Demontagen ausmachen, die während und nach dem zweiten Weltkrieg stattgefunden haben) wurde das deutsche Wirtschaftswunder angestoßen. Diese wirtschaftliche Leistungsfähigkeit wurde durch die Gründung der EWG von fünf anderen Ländern abgeschöpft. Ab sofort finanzierte die BRD Großagrarier in Frankreich und Wahlgeschenke in Italien.

Zum Ausgleich für das verlorene (und einst zusammengeraubte) Empire durfte Großbritannien in die EG, gerne auch Spanien, Portugal und Griechenland. „I want my money back!", brüllte Margaret Thatcher – und Deutschland bezahlte bereitwillig noch mehr. Nach der Vereinigung der beiden deutschen Besatzungskonstrukte wurde die EU erweitert, den Fähigkeiten des Hauptzahlers angepaßt. Polen und Ungarn, Rumänien und Bulgarien – wir bezahlen es gerne. Die Türkei ist keinesfalls deshalb noch nicht in der EU, weil Bedenken wegen der dortigen Auffassung der Menschenrechte vorliegen. Mißachtete Menschenrechte und politische Gefangene haben wir schließlich auch in der BRdvD. Die Türkei ist ein zu großer Brocken, um wirtschaftlich von Deutschland bewältig zu werden, deshalb bleiben sie draußen. Da müßten zu viele bereits beigetretene Staaten auf jene Tribute verzichten, von denen sie so abhängig sind, wie Heroinabhängige von ihrem Rauschgift.

Es gibt eine Weisheit, die jeder Bauer beherzigt: Man kann eine Kuh entweder melken oder schlachten, entweder die Eier oder die Henne verspeisen. Politiker sind über solche Weisheiten erhaben, sie haben schließlich studiert. Anstatt die Melkkuh Deutschland zu füttern, auf daß sie noch mehr Milch gebe, hat man die Heuschrecken auf sie losgelassen, oder besser: Piranhas, die sie auffressen. Dieser Staat ist morsch geworden, er taumelt unter den ihm auferlegten Lasten, bröckelt, ja modert vor sich hin. Die Staatsführung der Einheitsparteien verweigert die Reformen, denn jede wirkliche Reform würde die eigenen Pfründen vermindern – und jene Leute in der zweiten oder dritten Reihe enttäuschen und verärgern, die erst noch an die wohlgefüllten Futterkrippen der Macht kommen wollen und auf deren Loyalität und Zuarbeit die Personen an der Spitze angewiesen sind.

Die BRdvD konnte und durfte nicht durchdacht geplant werden. Ihre Elternstaaten waren Produkte der jeweiligen Besatzungsmächte. Im Westen warfen Amerikaner und Briten ihre Ausbeutungsgebiete zur „Bizone" zusammen. Sie nötigten die Franzosen dazu, dies zur „Trizone" zu erweitern. Dieses Trizonesien erhielt als Verfassungsersatz ein Grundgesetz und wurde zur BRD. Die Sowjets formten aus ihrem Ausbeutungsgebiet den Gegenentwurf, die DDR.

Beide Staaten waren ein einmaliges Großexperiment. Der Kapitalismus und der Kommunismus beherrschten sonst unterschiedliche Staaten, bei denen die Mentalität der Völker das Ergebnis verfälscht und so die Vergleichbarkeit einschränkt. Diesmal wurde jedoch ein einziges Volk aufgeteilt, Menschen gleicher Mentalität verschiedenen Gesellschaftssystemen zugewiesen. Unter kontrollierten Laborbedingungen ließ sich beobachten, was sich entwickelte.

Nach dem „kapitalistischen" Start der BRD mit den Unionskanzlern, wurde unter SPD-Kanzlern ein „sozialistischer" Trend als Störung eingefügt, während die DDR unter Honecker gleichzeitig ein wenig „Konsum" ausprobieren durfte. Deshalb gab es in den 70er Jahren die „Wandlung durch Annäherung", dem man im nächsten Jahrzehnt wieder gegensteuerte. Die BRD wurde wieder kapitalistischer, die DDR sozialistischer, bis das Experiment mit dem Scheitern des Sozialismus' seinen Abschluß gefunden hatte.

Die alte BRD wurde der DDR übergestülpt und in der Folgezeit sickerten DDR-Methoden in den neuen Staat ein. Der neue deutsche Staat, der dieser Bundesrepublik des vereinten Deutschlands nachfolgt, kann hingegen in aller Ruhe vorgeplant und konzipiert werden. Wenn jedoch alles in Trümmern liegt, ist es zu spät dafür, da wird man der Not gehorchend improvisieren, wenn die Konzepte für einen besseren Staat nicht bereit liegen. Diese Konzepte müssen **jetzt** entstehen, jetzt, wo wir Zeit dafür haben. Genau dies ist der Zweck dieses Buches.

Warum Deutsches Reich?

Haben Sie gerade gedacht: Oh, ein Neonazi? Das denkt „man“ doch automatisch, wenn vom „Deutschen Reich“ die Rede ist?

Wenn Sie das getan haben, dann sind Sie ein Opfer der Gehirnwäsche, denen Sie durch die deutschen Medien fortwährend unterzogen werden. Oder stören Sie sich auch an Frank-„Reich“? An Öster-„Reich“? Oder an „Groß“-Britannien? Aber natürlich stören Sie sich an „Groß“-Deutschland, nicht wahr?

Der deutsche Staat hieß von 962 bis 1806 Heiliges Römisches Reich Deutscher Nation, mit Reichsinsignien und Reichsgesetzgebung. Von 1871 bis 1945 hieß dieser Staat explizit „Deutsches Reich“, mit Reichkanzler, Reichsmark, Reichsbahn... Der Begriff ist historisch belegt, es gab ihn schon vor 1933.

Selbst „Großdeutschland“ ist keine Erfindung der Nazis. Vor 1871, vor der Gründung des Kaiserreiches, wollte man das Reich von 1806 erneuern und diskutierte heftig über die „kleindeutsche“ Lösung – unter Führung Preußens, die letztlich umgesetzt wurde – und über die „großdeutsche“ Alternative, unter Einbeziehung Österreichs. Mit dem „Anschluß Österreichs“ 1938 wurde diese großdeutsche Vision umgesetzt und der historische Begriff dafür benutzt.

Womöglich wissen Sie es nicht, aber das Deutsche Reich existiert noch immer. Das hat sogar das Bundesverfassungsgericht der BRD 1973 festgestellt. Allerdings ist es handlungsunfähig, weil es keine Vertreter besitzt und sein Staatsgebiet fremdverwaltet wird. Es mag wie formaljuristische Kniefieselei klingen, aber am 8./9. Mai 1945 hat die Deutsche Wehrmacht kapituliert, nicht das Deutsche Reich.

Es gab damals unter Großadmiral und Reichspräsident Dönitz eine Reichsregierung, die allerdings von den Siegern verhaftet und der Ämter enthoben wurde. Seitdem ist dieses Reich ohne Regierung und ohne Vertreter.

Das Staatsgebiet des Deutschen Reiches wurde 1945 von den USA, Großbritannien, Frankreich und der UdSSR unter Besatzungsverwaltung gestellt. Die Ostgebiete (Schlesien, Pommern, Westpreußen, Danzig und ein Teil Ostpreußens) wurden unter polnische Verwaltung gestellt, ein weiterer Teil (das nördliche Ostpreußen) unter sowjetische Verwaltung.

Aus den Besatzungszonen der Siegermächte wurden zwei Staaten gebildet, die heute zur Bundesrepublik des vereinten Deutschlands zusammengeführt worden sind. Doch auch dieser neue Staat ist nur eine Fremdverwaltung auf dem Reichsgebiet. Über dieses Reichsgebiet kann nur das Reich selbst verfügen, oder es wird im Rahmen eines Friedensvertrages von den heutigen Besitzern Rußland, Polen und der BRdvD annektiert.

Dieser Friedensvertrag würde den zweiten Weltkrieg auch juristisch beenden. Denn das ist er bis heute noch nicht, auch wenn alle so tun, als wäre er vorüber. Theoretisch könnte Paraguay als Kriegsgegner Teile des Reichsgebietes besetzen oder Tribute fordern.

Ich könnte den neuen deutschen Staat, den ich hier beschreibe, „zukünftige BRD“ nennen, oder „Neues Deutschland“. Ich möchte jedoch eindeutig klarstellen, daß dieser Staat souverän und der zweite Weltkrieg beendet ist, also keinerlei Ansprüche mehr bestehen. Deshalb spreche ich vom Deutschen Reich. Und falls jemand Schwierigkeiten damit haben sollte: Ich meine nicht das von 1933, sondern das von 1871.

Demokratie oder Laokratie?

Ein schneller Blick ins Lexikon verrät, daß sich das Wort Demokratie aus den griechischen Begriffen *demos* und *kratein* zusammensetzt. Demos ist das Volk, kratein bedeutet herrschen, also ist eine Demokratie die Herrschaft des Volkes. In einem anderen Buch[1] habe ich mich näher darüber ausgelassen, daß weder Sie noch ich jenem Volk angehören, das hier im Land herrschen soll.

Ein freundlicher Leser meiner Internetseite hat mich informiert, daß „demos" althochdeutsch sei und eigentlich „de Mos" = die Masse heißen würde. Inzwischen habe ich von einem Altphilologen erfahren, daß diese Erklärung gar nicht so weit daneben liegt.

Farbsieder im antiken Piräus, dem Hafen von Athen, haben ihre Farben ausgekocht, wodurch sich oben ein Schaum absetzte, der die Verunreinigungen enthielt. Diesen Abschaum haben die fleißigen Leute abgeschöpft und weggeworfen. Und da jedes Ding seinen Namen haben muß, nannten sie diese Masse eben *demos*, Abschaum.

Das altgriechische Wort für Volk war *laos*, wie in Menelaos, dem „Herrscher des Volkes" bei Homer. Heute erklärt man uns gerne, daß wir die Demokratie den alten Griechen verdanken. Die wirklich alten Griechen aus der Ilias und der Odyssee wurden hingegen von Königen beherrscht.

Könige – und Adlige – sind immer recht undankbar, wenn sie um ihre Herrschaft gebracht werden. Als damals das Volk die Herrschaft ergriffen hatte, nannten die Entmachteten das „Herrschaft des Pöbels". Allerdings war ihr Deutsch nicht ganz so gut, deshalb

---

[1] Betrüger Republik Deutschland, ISBN 9-783833-496639, S. 12

wurde daraus „Herrschaft des Abschaums“, also Demokratie. Damit sind wir schon recht nahe daran, wer in einer modernen Demokratie herrscht.

Das kommt natürlich nicht so in den Nachrichten, denn die Aussage, daß unsere amerikanischen Freunde weltweit Bomben abwerfen, um eine Herrschaft des Abschaums herbeizuführen, ist doch ein wenig skurril, oder? Mit „Demokratie“ klingt das viel freundlicher.

Der Ausgangsgedanke der neuzeitlichen Demokratie waren die „Männer aus dem Volk“, die dem absolutistischen König auf die Finger schauen sollten. Demokratie sollte die Gewaltenteilung sein, mit einem Monarchen und seiner Regierung als Exekutive, dem Volk und seinen Abgeordneten als Legislative und den von beiden unabhängigen Richtern als Judikative.

Aus diesem gut gemeinten Ansatz wurde die „Herrschaft des Abschaums“, oder, freundlicher ausgedrückt, die Herrschaft der Auserwählten in den Parteien. Parteien stellen die Regierung, Parteien stellen die Parlamente und Parteien stellen die Richter, weil Parteiminister die Richtlinien erlassen, nach welchen Richter eingestellt und befördert werden.

War die frühere „Volksdemokratie“ eine Einparteien-Diktatur, so beschreibt das westliche Regierungsmodell eine Mehrparteien-Diktatur, bei der das Volk ebenfalls nichts mitzureden hat. Wer in einer Partei an Macht und Mandat gelangt, wurde vielfach ausgesiebt und auf Treue zur Parteilinie hin überprüft.

Die guten Ansätze der Demokratie, die uns in der Schule beigebracht werden, von Gewaltenteilung bis zur Macht auf Zeit, wurden korrumpiert, um die Macht einer kleinen Gruppe von Berufspolitikern zu sichern.

Eines der Prinzipien dieser Konzepte ist, diese fehlgeleitete Demokratie durch eine echte Volksherrschaft, durch eine Laokratie zu ersetzen. Eine Laokratie entmachtet die Parteien und stellt die Interessen des Volkes in den Mittelpunkt.

Deshalb möchte ich im Vorgriff auf ein späteres Kapitel einige Stichpunkte zu den Abgeordneten in einer Laokratie aufführen:

- Jeder Wahlkreis stellt zwei Abgeordnete
- Abgeordnete werden auf zehn Jahre gewählt
- Alle fünf Jahre wird die Hälfte der Mandate vergeben
- Ämter und Mandate schließen sich gegenseitig aus
- Wiederwahlen in Ämter unterliegen keiner Begrenzung
- Wiederwahlen in Mandate sind ausgeschlossen

Erinnern Sie sich an Hans Eichel? Dieser Musterdemokrat kam als Lehrer in den Stadtrat, wurde Oberbürgermeister von Kassel, dann Landtagsabgeordneter, Ministerpräsident, Finanzminister und ist heute Bundestagsabgeordneter.

In der Laokratie wäre diese Karriere nicht möglich gewesen.

Ein Lehrer als Beamter kann zwar noch Stadtrat werden, aber damit verliert er jede Möglichkeit, noch in den Landtag einzuziehen. Der Stadtrat kann zwar Bürgermeister werden, aber dazu muß er sein Stadtratsmandat aufgeben – für immer, eine Wiederwahl ist nicht möglich. Als bezahlter Bürgermeister scheidet er jedoch aus dem Beamtenverhältnis aus.

Der Bürgermeister, der zuvor kein Stadtrat gewesen war, kann sein Amt niederlegen, um Landtagsabgeordneter zu werden, doch wenn er Minister wird, muß er das Mandat aufgeben – und kann auch nicht mehr in den Bundesrat oder Reichstag. Es gibt auch nicht für jeden Posten eine gesonderte Pension, schon gar nicht eine, die den Inhaber soviel besser stellt, als „gewöhnliche" Bürger.

Ein Beamter kann als Teilzeit-Stadtrat oder Teilzeit-Bürgermeister Beamter bleiben, aber er verliert diesen Status, sobald er ein Vollzeit-Mandat oder ein Vollzeit-Amt übernimmt.

Niemand kann sich in Zukunft von Mandat zu Mandat hochdienen, also vom Stadtrat über den Landtag in Bundestag wechseln. Ein Mandat – ein einziges Mal im Leben, das war es. Der Berufsparlamentarier ist abgeschafft.

Mit den Ämtern sieht es anders aus, denn warum soll ein fähiger Bürgermeister nicht auch ein guter Minister werden? Doch es geht auch umgekehrt: Warum sollte ein abgewählter Ministerpräsident nicht wieder Bürgermeister werden? Zumal, wenn keine Partei ihm einen Austragsposten als Frühstücksdirektor besorgt?

Die Gliederung eines Reichsgaues

Der Reichsgau ist Verwaltungseinheit, die heute Regierungsbezirk genannt wird. Ausgehend von den heutigen Bevölkerungszahlen leben in einem Gau etwa eine Million Einwohner. Oberhalb der Gauebene ist Deutschland einheitlich gegliedert, während es innerhalb eines Gaues unterschiedliche kommunale Gliederungen gibt. Diese werden hier besprochen.

Die untere Ebene eines Gaues und jeder seiner Untergliederungen ist die Gemeinde. Diese Gemeinde kann sich aus mehreren Dörfern zusammensetzen, eine eigene Ortschaft sein oder auch ein Stadtteil einer größeren Stadt. Die mittlere Ebene bilden die Landkreise, die kreisfreien Städte und die Großstädte. Wobei es bei letzteren eine Besonderheit gibt: Städte wie Mainz, Nürnberg oder Düsseldorf sind Bestandteil eines Gaues. Köln und München sind groß genug, um einen eigenen Gau zu bilden, dort erhält der regierende Bürgermeister alle Funktionen eines Gaupräsidenten. Hamburg ist groß genug für zwei Gaue, Berlin sogar für vier Gaue. Diese beiden Städte werden nicht in Gaue aufgeteilt, es gibt nur einen einzigen regierenden Bürgermeister. Allerdings stellen diese Städte natürlich die entsprechende Anzahl Abgeordnete zu den jeweiligen Landtagen und für den Reichstag.

Die Gemeinde und die Bürgerversammlung

Zu einer Gemeinde gehören zwischen 2.000 und 15.000 Bürger. Diese große Spannweite wird zum einen der Besiedelungsdichte, zum anderen der historischen Entwicklung geschuldet. Es wäre schließlich unsinnig, zwei Dörfer, die 800 oder 1.000 Jahre alt sind, zu einer Großgemeinde zusammenzulegen, nur weil das eine 3.600 und das andere 5.300 Einwohner zählt, sie also zusammengefaßt unter die obere Grenze fallen würden.

Es wäre ebenfalls unsinnig, eine Gemeinde zusammenzulegen, die Hunderte Quadratkilometer umfaßt und sich über 25 Kilometer erstreckt. Eine Gemeinde sollte wirtschaftlich und politisch lebensfähig sein und sie sollte einen inneren Zusammenhalt besitzen.

Jede Gemeinde veranstaltet als zentrales Organ der Laokratie Bürgerversammlungen. Diese Bürgerversammlungen finden alle drei Monate statt, zu möglichst der gleichen Zeit, also immer am ersten Dienstag im Quartal oder am 15. Februar / Mai / August / November. Die Festlegung obliegt der Bürgerversammlung und die Termine sollten sich innerhalb eines Kreises bzw. einer Stadt unterscheiden.

An einer Bürgerversammlung kann jeder volljährige Deutsche, der in der Gemeinde wohnt, mit aktivem und passivem Stimmrecht teilnehmen. Nichtdeutsche und Bürger anderer Gemeinden dürfen die Bürgerversammlung besuchen, haben dort Rede-, aber kein Stimmrecht.

Die Bürgerversammlung wählt zur ordnungsgemäßen Durchführung einen Vorsitzenden, einen Protokollführer und zwei Gehilfen. Diese Positionen sind nebenberufliche politische Ämter, mit dem Amt ist die Zahlung einer steuerfreien Aufwandsentschädigung verbunden. Im Gegensatz zu anderen politischen Ämtern dürfen von Beamten ausgeübt werden, ohne daß diese ihren Status als Beamte verlieren. Jedoch müssen diese Ämter niedergelegt werden, wenn der Amtsinhaber ein Mandat oder ein anderes politisches Amt übernimmt. Der Bürgermeister darf also nicht gleichzeitig der Vorsitzende der Bürgerversammlung sein.

Auch in einer Laokratie werden Bürgerversammlungen nur spärlich besucht, deshalb reichen Turnhallen etc. aus, die 300 Leuten

Platz bieten, selbst wenn in der Gemeinde 15.000 stimmberechtigte Bürger wohnen.

Die Bürgerversammlung hat folgende Rechte:

- Nominierung von Kandidaten für alle Ämter und Parlamente
- Einreichen von Petitionen an alle Parlamente
- Vorladung von Amts- und Mandatsträgern
- Imperatives Mandat an Gemeinde- und Stadträte

Eine „Landgemeinde“ zeichnet aus, daß sie die untere Verwaltungsebene vollständig abdeckt, also nicht Teil einer größeren Kommune ist. An der Spitze der Kommunalverwaltung steht ein Teilzeit-Bürgermeister, außerdem ein Gemeinderat mit zwölf Mitgliedern, von denen alle fünf Jahre die Hälfte neu gewählt wird.

Eine „Stadtgemeinde“ ist gleichberechtigter Teil eines Verbandes von mehreren Stadtgemeinden, die zusammen eine Kleinstadt, eine kreisfreie Stadt oder eine Großstadt bilden. Die Stadtgemeinde hat grundsätzlich die gleichen Rechte wie eine Landgemeinde, allerdings ist die Zahl der Stadträte bzw. Stadtbezirksräte geringer. Die Unterschiede werden im folgenden erläutert.

Die Kleinstadt als Mittelzentrum

In einer Kleinstadt wohnen 20.000 bis 50.000 Menschen. Dort gibt es ein Krankenhaus, alle Fachärzte und alle weiterführenden Schulen, außerdem ist sie in der Regel der Sitz des Landrates. Eine Kleinstadt unterteilt sich in drei bis sechs einzelne Gemeinden. Eine solche Kleinstadt besitzt einen Stadtrat und einen Vollzeit-Bürgermeister.

Um die Stadträte (in einigen Teilen Deutschlands werden diese heute „Stadtverordnete“ genannt) in ihrer Zahl zu begrenzen, stellt eine Stadtgemeinde in Städten mit drei oder vier Stadtgemeinden jeweils sechs Stadträte, in Städten mit fünf oder sechs Gemeinden jeweils vier Stadträte.

Da eine solche Stadt dem Landkreis unterstellt ist, entsendet die Stadt nicht nur ihren Bürgermeister, sondern zusätzlich noch zwei oder vier Kreisräte.

Übersicht Kleinstädte	Drei oder vier Stadtgemeinden	Fünf oder sechs Stadtgemeinden
Stadträte pro Stadtgemeinde	6	4
Kreisräte	2	4

<u>Der Landkreis als mittlere Verwaltungsebene</u>

Der Landkreis dient als Parlament und Schiedsstelle der einzelnen Gemeinden, die ihm angehören. In einem Landkreis wohnen zwischen 100.000 und 200.000 Menschen, je nach historischen oder geographischen Gegebenheiten.

An der Spitze des Landkreises steht ein Landrat, der als Verwaltungschef fungiert und diesen Landkreis gegenüber dem Gau vertritt. Ihm zur Seite steht als Parlament der Kreisrat. Diesem Kreisrat gehören an:

- die Bürgermeister der Landgemeinden
- der bzw. die Bürgermeister der Kleinstädte
- die gewählten Kreisräte der Kleinstädte

Die Bürgermeister kennen ihre Gemeinden am besten, deshalb sind sie prädestiniert, die Anliegen ihrer Gemeinden im Kreisrat zu vertreten. Kreisräte als Abgeordnete stellen nur die Städte, die ohne diese Regelung im Kreistag unterrepräsentiert wären.

Da die „Dorfbürgermeister“ als Kreisräte fungieren, erhalten sie neben ihrem Amtsgehalt auch eine steuerfreie Aufwandsentschädigung.

Die kreisfreie Stadt als Oberzentrum

In diese Kategorie fallen Städte mit 50.000 bis 200.000 Einwohnern und 6 bis 16 Gemeinden. Diese Städte bieten eine medizinische Vollversorgung mit allen erforderlichen Kliniken, außerdem eine Hochschule. Diese Hochschule bietet jedoch zumeist nur einen begrenzten Fächerkanon an; ein Student kann nicht erwarten, in jeder Stadt mit 65.000 Einwohnern Ägyptologie studieren zu können.

Der Oberbürgermeister einer kreisfreien Stadt erfüllt zusätzlich alle Funktionen, die in einem Kreis ein Landrat besitzt.

Jede Stadtgemeinde stellt zwei Stadträte, gewissermaßen die „Direktkandidaten“. Außerdem kann die Stadtgemeinde bis zu zwei weitere Kandidaten für jede Stadtratswahl aufstellen, die als freie Kandidaten in der ganzen Stadt gewählt werden kann. Somit kann eine Stadt die Zahl ihrer Stadträte flexibel festlegen.

Anzahl Stadtgemeinden	Freie Stadträte	Alle Stadträte
6	12	24
7	12	26
8	12	28
9	12	30
10	12	32

11	12	34
12	12	36
13	12	38
14	12	40
15	10	40
16	8	40

Die Großstadt / die Reichsstadt

Eine Großstadt hat so viele Einwohner wie mehrere Landkreise. Deshalb wird eine Großstadt in Stadtbezirke aufgeteilt, mit eigenen Bezirksbürgermeistern, die eine bürgernahe Verwaltung gewährleisten. Jeder Bezirk besteht aus ca. zehn Stadtgemeinden.

Eine „kleine" Großstadt wie Mainz, mit etwa 230.000 Einwohnern, hätte vier Bezirke (die Mindestzahl) mit jeweils sechs Stadtgemeinden. Die Stadtgemeinde stellt jeweils zwei Bezirksstadträte, die im Stadtbezirksrat sitzen. Jeder Bezirk wählt in das Stadtparlament acht Stadträte, außerdem vertritt dort der Bezirksbürgermeister seinen Bezirk. Bei sieben bis zehn Bezirken wählt jeder Stadtbezirk sechs Stadträte.

Ab etwa einer Million Einwohnern wird eine Großstadt zur Reichsstadt, die alle Funktionen eines Reichsgaues übernimmt. Jeder Bezirk einer Reichsstadt stellt vier Stadträte. Nach heutigen Einwohnerzahlen werden Köln, München, Hamburg und Berlin zu Reichsstädten.

Um die Zahl der Stadtbezirke nicht zu hoch steigen zu lassen, werden die Einwohnerzahlen von Stadtgemeinden und Stadtbezirken vergrößert. Köln wird in zehn Stadtbezirke unterteilt, München in zwölf, Hamburg in zwanzig und Berlin in dreißig.

Der Reichsgau als zentrale Verwaltungsebene

Der heutige Regierungsbezirk Unterfranken ist ein Weinbaugebiet mit relativ wenig Industrie, ein innerdeutsches Durchgangsgebiet. Der Regierungsbezirk Niederbayern ist Transitgebiet zu Österreich und Tschechien, Landschaft und Landwirtschaft sind ganz anders strukturiert. Trotzdem werden die wichtigen Entscheidungen zur Wirtschaftsförderung in München getroffen.

Die Residenz in Würzburg gehört zum Weltkulturerbe der UNESCO. Hätte die Stadt damals schon zu Bayern gehört, wäre diese Residenz nie gebaut worden. Kulturell hat Deutschland gewaltig davon profitiert, daß es lange Zeit in zahlreiche Kleinstaaten unterteilt gewesen war. Einer Regierung vor Ort ist alles bekannt, was eine ferne Regierung erst durch eine Kommission ermitteln lassen müßte.

Deshalb erhält der Reichsgau viele Funktionen, die heute noch den Regierungen der Bundesländer zugeordnet sind: Wirtschaft und Soziales, Verkehr und Landwirtschaft, Familie und Forschung. Diese Ressorts unterhält der Reichsgau als Ministerien, außerdem ein Präsidialamt zur Koordinierung von Behörden.

Jeder Landkreis und jeder Stadtbezirk einer Großstadt stellt vier Gauräte; eine kreisfreie Stadt mit bis zu 100.000 Einwohnern stellt vier Gauräte, bis 150.000 Einwohner sechs Gauräte und darüber acht Gauräte. Kraft ihres Amtes sind außerdem die Landräte, die Oberbürgermeister, die Bezirksbürgermeister und die regierenden Bürgermeister Mitglieder des Gaurates.

An der Spitze eines Gaues steht der Gaupräsident. Das Wahlverfahren wird im Kapitel Regierungen erläutert. Jeder Gau ist zugleich ein Wahlkreis für den Reichstag, außerdem stellt er 16 Abgeordnete für den Landtag.

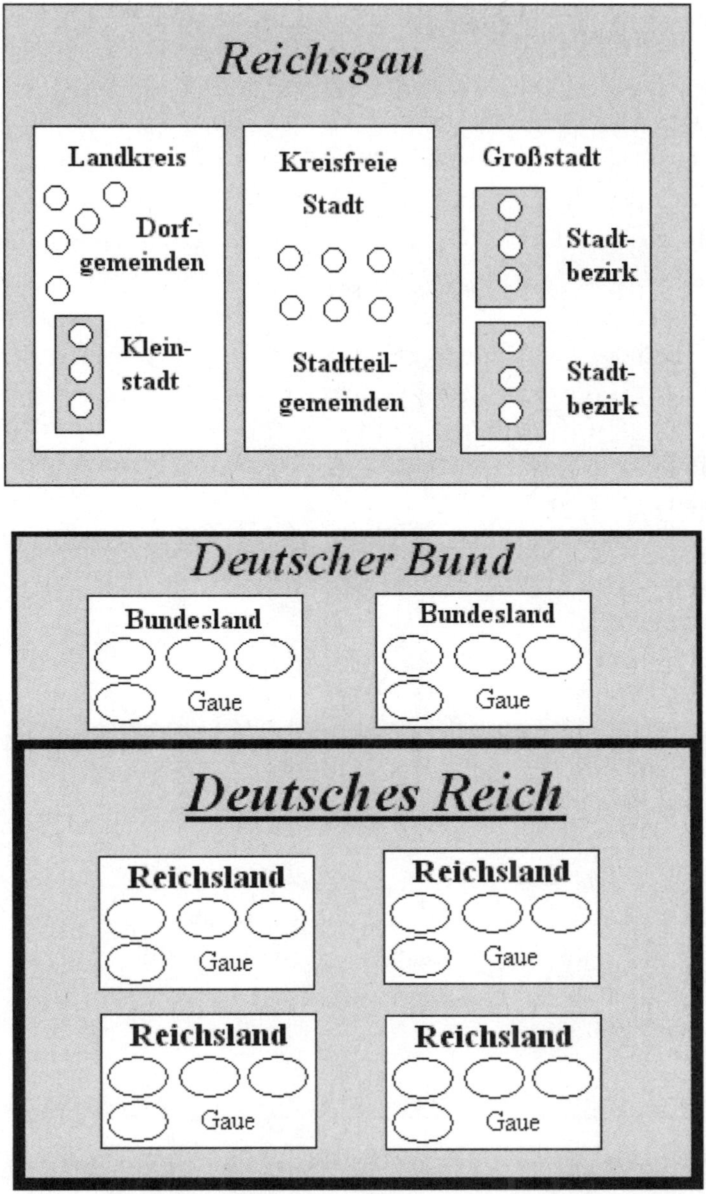

Abb. 1: Gliederung der Gaue, des Bundes und des Reiches

Der Deutsche Bund

Der Deutsche Bund war nicht etwa nur der historische Vorgänger des Kaiserreiches von 1871, er bestand während des ganzen Kaiserreiches hindurch fort. Die Länder des Deutschen Reiches – damals Königreiche und Fürstentümer – hatten sich zu einem Staatenbund zusammengeschlossen, gewissermaßen den vereinigten Staaten von Deutschland. Aus diesem Staatenbund entstand schließlich das Deutsche Reich.

Ein Nachklang dieses Deutschen Bundes findet sich in der Bundesrepublik Deutschland wieder, deren Länder jedoch nicht mehr unabhängige Staaten bilden, sondern als Bundesländer nur noch Teil eines größeren Staatsgebildes sind. Die föderale Struktur hat gegenüber dem Zentralstaat den Vorteil, daß sie sich näher an den Menschen befindet.

In Rußland galt einst: Der Zar ist in Moskau, und Moskau ist weit. Im Spanischen Weltreich wurde alles in Madrid entschieden, obwohl allein der Transport von Antrag und Entscheidung Monate beanspruchte.

Im Deutschen Bund gilt: Diejenige Ebene ist zuständig, welche die größte Kompetenz besitzt, die Entscheidung zu treffen. In der Außenpolitik ist das eindeutig das Reich selbst, in der Wirtschaftspolitik ist das der Gau. Die Ebene dazwischen ist das Bundes- oder Reichsland.

Das Bundesland als mittlere Ebene der föderativen Struktur

Ein Bundesland ist von der historischen Entwicklung her ein Stammesgebiet. Das alte Land der Bayern, der Hessen, der Sachsen... Es besteht folglich eine innere Logik, mehrere Gaue zu einem Bundesland zu vereinigen. Allerdings sollten diese Bundesländer eine gewisse Mindestgröße erreichen, also etwa 30.000 Quadratkilometer und acht Millionen Einwohner.

Womöglich mißfällt es den Saarländern, künftig nur noch den Status eines Gaues zu haben, aber die Bremer erwischt es noch viel schlimmer. Hamburg und Berlin bekommen als Reichsstädte noch eine kleine Extrawurst, aber auch sie sind für ein eigenes Bundesland nicht mehr groß genug. Zum Ausgleich werden die Rheinländer von den Westfalen geschieden, da das heutige Bundesland NRW zu groß ist. Auch Bayern wird einige Federn lassen, also verkleinert werden.

Die Parlamente der Bundesländer heißen Landtage. Jeder Gau wählt 16 Landtagsabgeordnete. Diese Landtagsabgeordneten bilden ausschließlich die Legislative, sie wählen weder die Regierung, noch haben sie einen Einfluß auf die Richter.

Bei besonderen Gelegenheiten tritt eine zweite Kammer zusammen, die Landesversammlung. Dieser gehören alle Gaupräsidenten, alle Landräte, alle Bezirksbürgermeister, Oberbürgermeister und regierenden Bürgermeister an, also ausschließlich die Amtsträger.

Die Landesversammlung ist keine ständige Einrichtung, sie tritt einmal im Jahr zusammen, außerdem wenn sie von der Regierung oder dem Landtag einberufen wird. Die Einzelheiten folgen im Kapitel über Regierungen.

Das Land hat die Aufgabe, die Arbeit der Gaue zu koordinieren, außerdem einen Finanzausgleich zwischen den Gauen vorzunehmen und es fungiert als eine Art Bank, zum Ansparen kommunaler Mittel. Das Land besitzt die Kulturhoheit, da das Land eine kulturelle Einheit darstellt. Diese Kulturhoheit erstreckt sich bis in die Lehrpläne der Schulen, mit Ausnahme der reichseinheitlich geregelten Kernfächer. Die Landesregierung bündelt und vertritt die Landesinteressen gegenüber dem Bund und dem Reich.

Das Land koordiniert die Hochschulen. Zwar besitzt jeder einzelne Gau eine Hochschule / Universität, aber diese können nicht alle Fächer anbieten. Deshalb übernimmt es die Landesregierung, für eine ausgeglichene Verteilung der Fakultäten zu sorgen, mit dem Ziel, daß möglichst alle Studienfächer innerhalb eines Bundeslandes angeboten werden. So bietet zum Beispiel die eine Universität Slawistik, Sinologie und Finno-Ugristik, die andere dafür Ägyptologie, Archäologie und Paläoontologie.

Keinerlei Kompetenzen hat ein Bundesland jedoch in den Bereichen Außenpolitik und Verteidigung. Diese obliegen bei allen Bundesländern ausschließlich dem Deutschen Reich.

Aufgaben des Deutschen Bundes

Der Deutsche Bund hat zwei Hauptaufgaben: Zum einen ist er die Vertretung der Länder gegenüber der Reichsregierung und deren Koordinierungsstelle. Zum anderen dient der Deutsche Bund dem Heranführen neuer Bundesländer an das Deutsche Reich.

Der Deutsche Bund ist nicht notwendig deckungsgleich mit dem Deutschen Reich. Der Beitritt zum Deutschen Bund erfolgt als Bundesland; erst nach einer Wartezeit von mindestens zehn Jahren kann ein Bundesland in den Reichsverband aufgenommen werden und sich von da an auch als Reichsland bezeichnen. Folglich sind alle Reichslande Mitglieder des Deutschen Bundes, aber nicht alle Bundesländer Mitglieder des Deutschen Reiches.

In allen Ländern des Deutschen Bundes gelten die Reichsgesetze. Ein Bundesland, das nicht Mitglied des Reiches ist, entsendet keine Abgeordneten in den Reichstag, trotzdem ist der Reichstag die alleinige Legislative für die gemeinsamen und für alle Länder gültigen Reichsgesetze.

Jedes Bundesland entsendet zwei Senatoren in den Bundesrat, unabhängig von seiner Größe und seiner Bevölkerungszahl. Ich greife hier auf das amerikanische Vorbild zurück, weil eben nicht alles nur deshalb schlecht ist, weil es aus Amerika stammt. Diese Bundessenatoren werden direkt vom Volk gewählt. Jeder Bundessenator hat das Recht, an Sitzungen seines Landtages, seines Landeskabinetts und des Reichstages teilzunehmen. Der Bundessenator hat überall das Rede-, aber nur im Bundesrat und der Bundesversammlung das Stimmrecht.

Der Bundesrat verhandelt alle Zwistigkeiten zwischen Bundesländern. Grundsätzlich sollen die Landesregierungen Probleme in direkten Verhandlungen untereinander regeln. Wenn dies nicht möglich ist, dient der Bundesrat als Schiedsgericht.

Der Bundesrat regelt den Länderfinanzausgleich und erfüllt gegenüber den Ländern dieselben Aufgaben, die ein Land gegenüber seinen Gauen erfüllt.

Der Beitritt zum Deutschen Bund

Die Länder der heutigen Bundesrepublik des vereinigten Deutschlands und die Länder der Republik Österreich werden nach entsprechender Neugliederung auf Antrag unmittelbar ohne Übergangszeit in den Deutschen Bund aufgenommen und können sogleich dem Deutschen Reich beitreten. Gleiches gilt für Kantone der deutschsprachigen Schweiz und alle Gebiete, die 1914 Teile des Deutschen Reiches bzw. Österreich-Ungarns gewesen waren und noch immer eine deutschsprachige Bevölkerungsmehrheit besitzen.

Die Aufnahme nichtdeutscher Gebiete möchte ich am Beispiel Italiens erläutern. Große Teile Italiens gehörten einstmals zum Heiligen Römischen Reich Deutscher Nation, außerdem ist das Land relativ groß, deshalb eignet es sich gut, um das Verfahren zu erläutern. Halten Sie das bitte nicht für den Ausdruck irgendwelcher Annexionsgelüste.

1. Schritt: Aufnahmeersuchen

Die italienische Regierung richtet an den Deutschen Bund ein Aufnahmeersuchen. Der Bundesrat setzt eine Kommission ein, welche das Land bereist und dem Bundesrat ein Gutachten erstellt, das die Chancen und Schwierigkeiten der Aufnahme erläutert. Außerdem informiert der Bundesrat die Reichsregierung, worauf das Außenministerium ebenfalls ein Gutachten erstellt.

Der Bundesrat – und nur dieser – entscheidet, ob direkte Aufnahmeverhandlungen eingeleitet werden. Wird dies positiv entschieden, entsendet der Bundesrat einige Senatoren in eine Delegation, der Diplomaten und Beamte des Außenministeriums beigegeben werden. Diese Delegation handelt die Beitrittsbedingungen aus.

2. Schritt: Aufnahmeverhandlungen

Die deutsche Delegation verhandelt direkt mit der italienischen Regierung, zu welchen Bedingungen und in welchem Zeitrahmen das Land in den deutschen Bund aufgenommen werden soll. Der übliche Zeitraum beträgt 25 Jahre.

Sind sich Regierung und Delegation einig, wird der Aufnahmeantrag dem Bundesrat zur Entscheidung vorgelegt. Dieser Antrag erfordert eine Zustimmung von mindestens zwei Dritteln der Bundessenatoren, um von deutscher Seite her angenommen zu werden.

3. Schritt: Volksentscheid

Da jeder Italiener mit Fug und Recht stolz ist auf sein Land und seine Kultur, darf bei einer so schwerwiegenden Entscheidung wie der Aufgabe der Eigenstaatlichkeit und dem Anschluß an ein anderes Land nicht die Regierung allein entscheiden.

Das gesamte italienische Volk wird aufgerufen, über den Beitritt zu entscheiden. Dieser Volksentscheid wird von Beauftragten des Bundesrates überwacht. Nur wenn mindestens 75% aller Italiener zustimmen, tritt Italien in das Aufnahmeverfahren ein.

Der Deutsche Bund möchte sich nicht um jeden Preis erweitern, sondern nur Menschen aufnehmen, die Willens sind, sich der deutschen Nation mit allen Konsequenzen anzuschließen.

4. Schritt: X-25 Jahre: Übernahme der Reichsgesetze

Zum Stichtag – zumeist ein erster Januar oder erster Juli – überträgt die italienische Regierung ihre außenpolitische Souveränität an das Deutsche Reich. Staatsverträge Italiens mit Drittländern werden erfüllt, soweit sie den Zeitraum der nächsten 25 Jahre betreffen. Andere Staatsverträge werden von der Reichsregierung neu ausgehandelt.

Die italienische Trikolore wird eingeholt und als neue Fahne das Gold-Rot-Schwarz des Deutschen Bundes mit dem Grün-Weiß-Rot Italiens im Zentrum als neue Staatsflagge gehißt.

Die Streitkräfte Italiens werden deutschem Oberkommando unterstellt. Zunächst bleiben die Uniformen und die Ausrüstung erhalten, jedoch werden die italienischen Hoheitszeichen an den Uniformen durch gold-rot-schwarze Kokarden ergänzt.

Soweit problemlos möglich – und im Übergangsvertrag festgelegt – werden die Reichsgesetze von Italien übernommen. In anderen Fällen werden Übergangsfristen von bis zu 10 Jahren festgelegt, in denen italienisches Recht in deutsches Recht übergeleitet wird. Dabei gelten Stichtage, ab denen Regelungen nach italienischem Recht nicht mehr abgeschlossen werden dürfen.

Die italienische Regierung entsendet zwei Senatoren in den Bundesrat, die zwar Rederecht besitzen, Stimmrecht jedoch nur in Angelegenheiten, die direkt die Aufnahme Italiens in den deutschen Bund betreffen.

Mit dem Stichtag müssen alle amtlichen Schreiben und Formulare zweisprachig ausgeführt werden, in Deutsch und in Italienisch. Im Zweifelsfall gilt die deutsche Fassung. In allen Fällen gilt Deutsch als gleichberechtigte Amtssprache.

An allen Schulen wird Deutsch als erste Fremdsprache eingeführt. Schüler ab der fünften Klasse können ihre Schulausbildung nach italienischem Modell vollenden. Schüler der Grundschule und Kinder, die neu eingeschult werden, werden mit dem nächsten Schuljahr in das deutsche Schulsystem übernommen.

Die italienische Regierung bleibt im Amt und wird zunächst nach italienischem System fortgeführt.

Neben der Landeswährung gilt ab sofort die Reichsmark als gesetzliches Zahlungsmittel. Italien wird unter die Finanzhoheit des Deutschen Reiches genommen, allerdings bleibt der Kurs der Landeswährung vorerst variabel, um sich den wirtschaftlichen Gegebenheiten anpassen zu können. Bei Geschäften herrscht Vertragsfreiheit, in welcher Währung Zahlungen erfolgen sollen. Dies gilt auch für Arbeitsverträge.

5. Schritt: X-20 Jahre: Verwaltungsreform mit Aufteilung in Gaue

In den vergangenen fünf Jahren wurden die italienischen Kommunen in Land- bzw. Stadtgemeinden aufgeteilt, außerdem Landkreise, kreisfreie Städte, Großstädte, Reichsgaue und Reichsstädte vorbereitet.

Zum Stichtag wird gewählt und die neuen Gaue nehmen ihre Arbeit auf. Die untere Verwaltungsebene ist damit an den Reichsstandard angepaßt.

Deutsch wird ab sofort Amtssprache, das Italienische darf hilfsweise weiter verwendet werden. Natürlich bleiben die Formulare zweisprachig, selbst wenn Italien zur Gänze in das Reich übergeführt worden ist. Die Medien des Reiches (Fernsehen, Radio und Presse) werden in Italien eingeführt. Italienische Medien werden auf Deutsch umgestellt, können aber weiterhin italienische Kanäle und Zweitausgaben unterhalten. Von dieser Pflicht sind Lokalsender und Lokalzeitungen befreit.

Die Reichsmark wird alleiniges gesetzliches Zahlungsmittel. Alle Befugnisse der Wirtschafts- und Finanzpolitik gehen auf das Deutsche Reich über.

6. Schritt: X-15 Jahre: Aufteilung in Bundesländer

Die Gaue Italiens gliedern sich in neue Bundesländer nach deutschem Vorbild. Die italienische Fraktion im Bundesrat wird um jeweils einen Senator je neuem Reichsland erweitert, allerdings mit weiterhin eingeschränktem Stimmrecht.

Die Regierung Italiens überträgt alle Funktionen, die im Deutschen Bund von den Ländern ausgeübt werden, vollständig und unwiderruflich an die italienischen Bundesländer. Bürger dieser

Bundesländer werden von deutschen Behörden als Inländer behandelt und erhalten auf Antrag problemlos die deutsche Staatsbürgerschaft.

Die Schulen sind jetzt nach deutschem Vorbild umgestaltet. Unterrichtssprache ist Deutsch, jedoch wird das Italienische als Zweitsprache unterrichtet. Einzelne Fächer – z.B. Heimatkunde und Musik – werden weiterhin italienisch unterrichtet. Das Deutsche Reich behandelt die italienische Kultur als erhaltenwerten Schatz, auch wenn es aus Gründen der Reichseinheit auf Deutsch als Amtssprache bestehen muß.

In ganz Italien gelten jetzt die Reichsgesetze, alle Ausnahme- und Übergangsregelungen sind ausgelaufen. In den Landtagen werden die Abgeordneten nach deutschem Recht gewählt (Siehe Kapitel Abgeordnete).

Das italienische Militär wird jetzt vollständig in die deutsche Reichswehr übernommen. Ab sofort tragen die Soldaten deutsche Hoheitszeichen. Kommandosprache ist ausschließlich Deutsch.

7. Schritt: X-10 Jahre: Abwicklung des Staates Italien

Das letzte italienische Parlament wird gewählt. Alle Abgeordneten haben eine Amtszeit von zehn Jahren und dürfen nicht wiedergewählt werden. Nach dieser Wahl werden die italienischen Parteien aufgelöst, da Parteien im Deutschen Reich keine Funktion erfüllen.

Das Steuersystem wird vollständig auf deutsche Standards übertragen. An Hochschulen und Universitäten ist Deutsch die alleinige Lehrsprache.

Zu diesem Zeitpunkt erhalten alle bisherigen Italiener die zweite Staatsangehörigkeit als Bürger des Deutschen Bundes.

8. Schritt: X-5 Jahre: Übergang zur Vollmitgliedschaft

Jedes italienische Bundesland wählt einen Bundessenator, der Sitz und volles Stimmrecht im Bundesrat besitzt. Die beiden Senatoren der italienischen Regierung scheiden aus dem Bundesrat aus. Zusätzlich entsendet jede italienische Landesregierung noch einen weiteren Senator, mit eingeschränktem Stimmrecht.

9. Schritt: Vollmitgliedschaft

Nach 25 Jahren Übergangsfrist wählen die italienischen Bundesländer ihren zweiten voll stimmberechtigten Senator. Die italienische Regierung tritt zurück, das Parlament wird aufgelöst. Ab jetzt ist Italien nur noch Erinnerung, seine Länder sind Teil des Deutschen Bundes.

Das Vermögen des italienischen Staates wird an das Reichsvermögensministerium überführt.

Kultur ist Ländersache, deshalb sind die italienischen Bundesländer dazu angehalten, die italienische Kultur zu fördern und zu wahren. Buchveröffentlichungen und Kompositionen in italienischer Sprache sind ausdrücklich erwünscht und werden von den Landesregierungen gefördert. Italienische Fernseh- und Radioprogramme, sowie italienische Lokalzeitungen können von den Bundesländern finanziell gefördert werden.

Die italienische Staatsbürgerschaft erlischt. Alle Italiener sind ab jetzt Bürger des Deutschen Bundes.

Der Austritt aus dem Deutschen Bund

Jedes Bundesland, ob im Stadium des Beitritts oder der Vollmitgliedschaft, ist berechtigt, aus dem Deutschen Bund auszutreten. Dazu ist eine Willenserklärung der Landesregierung erforderlich, der zu einem Volksentscheid unter der Aufsicht des Bundesrates führt.

Bei diesem Volksentscheid müssen 50,01% der Bevölkerung für den Austritt stimmen. Ein Austritt von Reichslanden erfordert 60,01% der Bevölkerung. Dabei zählt nicht die Anzahl der abgegebenen Stimmen, sondern ausschließlich die Gesamtzahl der stimmberechtigten Einwohner.

Sobald das Ergebnis des Volksentscheids vorliegt, werden die Senatoren des bisherigen Bundeslandes aus dem Bundesrat ausgeschlossen. Sie erhalten den Status von Diplomaten einer fremden Macht und unterstehen den Weisungen ihrer Landesregierung.

Vom Zeitpunkt des erfolgreichen Volksentscheids an gerechnet wird das Land binnen dreier Monate aus dem Deutschen Bund entlassen. Bürger dieses Landes können sich auf Antrag für die deutsche Staatsangehörigkeit entscheiden, allerdings ist eine doppelte Staatsangehörigkeit ausgeschlossen.

In einem Überleitungsvertrag wird die Entlassung geregelt. Das Reichsvermögensministerium übergibt die ausgliederbaren Vermögensteile an die neue Staatsregierung, die Reichswehr gliedert die Streitkräfte des Landes aus den Kommandostrukturen aus.

Der sich neu bildende Staat muß seinen Aufbau selbst regeln. Die Einführung einer eigenen Währung, der Aufbau eines Bankwesens usw. obliegt der neuen Staatsregierung.

Ein Bundes- oder Reichsland, das den Deutschen Bund verläßt, kann frühestens nach fünfzig Jahren einen Antrag auf Wiederaufnahme stellen.

Vom Bund zum Reich

Ein Bundesland kann nach frühestens zehn Jahren Mitgliedschaft im Deutschen Bund die Aufnahme in den Reichsverband beantragen. Über diese muß vom Reichstag abgestimmt werden. Der Reichstag ist jedoch nach zehn Jahren Mitgliedschaft im Bund berechtigt, von sich aus eine solche Abstimmung durchzuführen und der Landesregierung die Aufnahme in das Reich anzutragen.

Die Aufnahme findet in zwei Stufen statt: beim der ersten Wahltermin nach der beschlossenen Aufnahme wählt das Bundesland die Hälfte der ihm zustehenden Abgeordneten in den Reichstag. Diese Abgeordneten sind voll stimmberechtigt und auf zehn Jahre gewählt. Das Bundesland wird damit eingeschränktes Mitglied im Deutschen Reich.

Fünf Jahre später wählt das Land die zweite Hälfte seiner Abgeordneten in den Reichstag und ist damit endgültig Bestandteil des Deutschen Reiches.

Die Bundesflagge und die Nationalhymne

Die Flagge des Deutschen Bundes ist Gold-Rot-Schwarz, von oben nach unten, also die auf dem Kopf stehende Fahne der heutigen Bundesrepublik Deutschland bzw. der Weimarer Republik.

Die Nationalhymne ist die erste Strophe des Deutschlandliedes. Zwar ist der Deutsche Bund darauf angelegt, die geographischen Grenzen („Von der Maas bis an die Memel, von der Etsch bis an den Belt“) zu sprengen, doch dieses Gebiet bleibt der Ursprung des Deutschtums, an den im Text erinnert werden soll.

Bis auf die wenigen Fälle, in denen explizit das Reich auftritt, wird die Bundesfahne als Hoheitszeichen gehißt. Deutsche Kauffahrtei-Schiffe, deutsche Flugzeuge, deutsche Botschaften und deutsche Soldaten führen die Bundesfahne als Hoheitszeichen.

Warum die deutsche Flagge auf dem Kopf steht

Wer immer bei der Bundeswehr gedient hat, kennt die Zeremonie des Fahnenhissens. Sicher, auch vor Zivilgebäuden werden Fahnen gehißt, aber das passiert viel gelassener, ohne dieses Ritual. Die Wache tritt an, der Wachoffizier und der wachhabende Unteroffizier salutieren, alle Unbeteiligten, die es zu spät gemerkt haben, um sich noch zu entfernen, begeben sich in Hab-Acht-Stellung, müssen sogar aus dem Auto steigen für die Ehrenbezeugung.

Und dann ist der „Geier" im Sturzflug, die Fahne hängt verkehrt herum... Der Wachoffizier unterdrückt mit beträchtlicher Mühe einen Herzinfarkt, der Unteroffizier brüllt mit größter Lautstärke und die Soldaten stellen sich darauf ein, in der nächsten Woche ein paar Stunden das Fahnenhissen zu üben.

Dabei haben sie es eigentlich richtig gemacht. Na gut, der Adler auf der Fahne sollte schon aufsteigen, für seinen Absturz sind Politiker zuständig, nicht einfache Soldaten. Aber beim Original der Fahne war das Schwarz unten das Gelb/Gold oben.

Die Kombination Schwarz-Rot-Gold ist viel älter, als die meisten Menschen glauben. Der Adler des Heiligen Römischen Reiches Deutscher Nation vor 500 Jahren war schwarz auf gelbem Grund und hatte rote Krallen und einen roten Schnabel. Diese Farben haben die Truppen in den Befreiungskriegen gegen Napoleon wieder aufgenommen, insbesondere in den Uniformen von „Lützows wilder, verwegener Jagd".

Diese Farben wurden von der Urburschenschaft wieder aufgenommen, am Hambacher Fest von 1817. Die damals gemalten Bilder zeigen diese Farben in dieser Reihenfolge, nicht wie heute, auf dem Kopf stehend. Die Farben erzählen eine Geschichte, von unten nach oben gelesen. Der Merksatz dazu steht vorne in diesem Buch, gleich auf der Titelseite:

Aus dunkler Sklaverei (Vergangenheit / Schwarz)
durch blutigem Kampf (Gegenwart / Rot)
in die goldene Zukunft! (Gelb bzw. Gold)

Die Rufe nach deutscher Einheit, einem wiedererstehenden Reich, waren im Biedermeier so unerwünscht wie heute. Die Mächtigen haben sich mit zahlreichen deutschen Kleinstaaten und den Großmächten Preußen und Österreich abgefunden, daran sollte nichts geändert werden. Deshalb geschah das, was heute auch geschieht: diese Farben wurden verboten.

Da niemand mehr Gold-Rot-Schwarz tragen durfte, drehte man die Farben um. Damals haben die Behörden bürgerliche Intelligenz noch geschätzt und das Schwarz-Rot-Gold toleriert. Diese falsche Reihenfolge wurde zur Flagge der Weimarer Republik, der BRD, der DDR und auch zu jener der BRdvD.

Aber sie hängt falsch herum, wenn man den Merksatz berücksichtigt:

Aus der goldenen Vergangenheit (vermutlich das Kaiserreich)
nach blutigen Niederlagen (in zwei Weltkriegen)
zu fortlaufender Sklaverei! (und ewiger Schuldknechtschaft)

Deshalb sollten wir die Fahne umdrehen, so schnell es geht. Keine Sorge, den abstürzenden Pleitegeier entfernen wir wie zuvor Hammer und Zirkel. Der Reichsadler wird aufsteigen – aus dunkler Vergangenheit, hoffentlich ohne großen Blutzoll, in eine goldene Zukunft!

Das Deutsche Reich

Der in diesem Buch beschriebene Deutsche Bund ist im Sinne des Völkerrechts ein Mandatsgebiet, welches durch das Deutsche Reich vertreten wird. Nur das Reich selbst ist ein Staat im Sinne des Völkerrechts. Allein das Reich ist berechtigt, Verträge mit fremden Mächten abzuschließen.

Die Regierungsgewalt des Reiches und des Bundes üben der Reichskanzler und die von ihm bestellte Reichsregierung aus. Die gesetzgeberische Gewalt für Reich und Bund obliegt dem Reichstag. Die Streitkräfte des Reiches und der Bundesländer unterstehen der Reichsregierung in Person des Verteidigungsministers.

Das Deutsche Reich ist die oberste Regierungsebene für alle Reichs- und Bundesländer, für alle Gaue und ihre Untergliederungen. An der Spitze der Reichsregierung steht der Reichskanzler. Er ernennt die Reichsminister und kann diese bei Bedarf entlassen. Der Reichskanzler wird von der Bundesversammlung gewählt und ist sowohl dem Reichstag als auch dem Bundesrat Rechenschaft über seine Amtsführung schuldig.

Die Reichsflagge

Die Reichsflagge ist die Flagge des Deutschen Bundes, ergänzt um einen Wappenschild, das den Reichsadler zeigt. Die Reichsflagge darf als Stander nur vom Staatsoberhaupt, vom Reichskanzler und den Reichsministern geführt werden.

Kriegsschiffe des Deutschen Reiches führen als Flagge die Bundesflagge mit dem Eisernen Kreuz.

Parteien – die Wurzeln des Übels

In der Schule haben wir einst gelernt, daß Demokratie auf Gewaltenteilung basiert. Die Regierung wird vom Parlament kontrolliert und beides steht unter der Kontrolle der Gerichte, falls der Bürger dagegen klagt. Gelangt aber ein Lehrer, der das seinen Schülern beigebracht hat, ins Parlament, dann sieht alles ganz anders aus. Die Regierung hat die Mehrheit im Parlament, denn sonst wäre sie ja nicht an der Regierung. Wo, bitte, bleibt da die Kontrolle? Und die unabhängigen Richter? Zumindest die höchsten Gerichte werden nach Parteibuch besetzt, schön proportional zu den politischen Verhältnissen – im Parlament. Aber erst einmal im Amt, sind diese Richter natürlich vollkommen unabhängig.

Stellen Sie sich einmal eine Geheimorganisation vor. Sie können dort jederzeit Mitglied werden, denn wo Sie diese finden, ist nicht geheim. Sie dürfen Beiträge zahlen, Sie dürfen dort reden, Beschlüsse fassen, ihren Ortsgruppenleiter wählen und sich auf den üblichen Treffen betrinken. Sie dürfen auch viel wichtigere Leute wählen, die jedoch jemand anderer für Sie ausgesucht hat. Wer und wieso, das ist geheim, auch vor Ihnen. Sie sind schließlich nur ein einfaches Mitglied.

Wen Sie warum wählen sollen, erklärt Ihnen vorher in trauter Runde der Ortsgruppenchef. Frau Dr. Müller ist ja eindeutig besser als Herr Maier; Sie kennen keinen von beiden, also freuen Sie sich natürlich über diese Entscheidungshilfe. Ankreuzen dürfen Sie, wen Sie wollen, aber ehrlich... Ihnen wurde schließlich ausgiebig erklärt, wen Sie haben wollen, oder etwa nicht?

Wenn Sie den Ansprüchen der bereits Aufgestiegenen genügen, dann werden Sie eingeweiht und dürfen selbst ein bißchen aufsteigen. Wenn Sie schön brav sind, die Worte der großen Vorsitzenden beherzigen, nach den geschriebenen und ungeschriebenen Satzungen leben, dann, ja, dann erhalten Sie die nächste Einweihung.

Jetzt dürfen Sie nicht nur arbeiten, sondern auch für unwichtige Staatsämter kandidieren. Natürlich auf aussichtslosen Plätzen, denn jeder hat einmal klein angefangen. Die aussichtsreichen Plätze sind für die noch weiter Eingeweihten, oder die Söhne und Töchter dieser Eingeweihten. Das ist die Stufe der Bewährung. Hier können Sie zeigen, daß Sie weiterer Einweihungen würdig sind.

Eingeweihte sind jene Leute, die den Ortsgruppenführern erklären, warum Frau Dr. Müller viel besser ist als Herr Maier. So werden diese zu Eingeweihten und wissen, was sie den einfachen Parteimitgliedern sagen sollen, damit diese die richtigen Leute wählen, frei, unbeeinflußt und demokratisch.

Solche Einweihungen lohnen sich, denn je weiter Sie eingeweiht werden, desto höherer Ämter sind Sie würdig. Nur Eingeweihte weihen andere Leute in das Geheimnis ein, wer in der Organisation würdig ist, gewählt zu werden. Nur Eingeweihte dürfen in die Parlamente, nur Eingeweihte werden als Richter befördert, nur die höchsten Eingeweihten werden Minister oder Staatsoberhaupt.

Mit anderen Worten: Der Geheimorganisation gehört der Staat!

Nun ja, eigentlich nicht, denn nominal gehört der Staat dem Volk. Aber das Volk hat nichts zu sagen, das regeln die Geheimorganisationen unter sich. Klingt das exotisch? Nun ja...

Was glauben Sie, warum die Damen und Herren Abgeordneten ein wenig abgehoben wirken? In unseren Parlamenten sitzt nicht das Volk, sondern da sitzen Berufspolitiker, die vor lauter Privilegien gar nicht mehr wissen, mit welchen Widrigkeiten das von ihnen beherrschte Volk zu kämpfen hat. Die Privilegien beginnen bei den großzügig bemessenen Diäten und den völlig überzogenen Pensionsansprüchen.

So ein Parlamentarier darf unbegrenzte Nebeneinkünfte haben, er muß sie nur dem Parlamentspräsidenten anzeigen. Das Volk – dem Wähler und angeblichem Souverän – geht das alles nichts an. Die kürzlich eingeführte Publizitätspflicht in Kategorien ist nicht mehr als ein Feigenblatt. Die höchste darin vorgesehene Kategorie ist „über 7.000 Euro pro Jahr". Das heißt, ein Eintrag dort bedeutet, daß der betreffende Abgeordnete aus dieser Tätigkeit nicht ganz 600 Euro im Monat bezieht – oder auch 50.000 Euro, das wird nicht mehr unterschieden. Die Untergrenze mag noch als Zubrot durchgehen, höhere Beträge drängen den Verdacht der Bestechung und gekauften Abgeordneten auf.

Noch mehr Privilegien? Bitte! Kostenlose Bahnfahrten Erster Klasse – VIP Behandlung auf den Flughäfen – Zuschüsse für Schreibmaterial – Krawattengeld – Immunität. Gut, nicht jeder Landtag gewährt seinen Mitgliedern das umfassende Paket, das der Bundestag verteilt, aber am Hungertuch nagen müssen nicht mal Abgeordnete im mit rund 20.000 Euro pro Einwohner verschuldeten Stadtstaat Bremen.

Die Abgeordneten haben eines gemeinsam: Sie gehören einer Geheimorganisation an! Einer öffentlichen Geheimorganisation, einer Partei. Scheinbar ist alles öffentlich, aber der innere Aufbau jeder Partei gleicht einer Geheimgesellschaft von Verschwörern. Um in der Politik oder im öffentlichen Dienst voranzukommen, brauchen Sie ein Parteibuch – das richtige, natürlich. Aber ob Sie nun CDU, CSU, FDP, Grünen, Linken oder SPD angehören – irgendwo gibt es immer ein schönes Pöstchen für Sie. In Ordnung, als Grüner werden Sie in Bayern vermutlich kein Minister, aber ein wenig Flexibilität kann man doch erwarten, oder?

Eine Partei beginnt als eine gute Idee von Gleichgesinnten. Oh, nicht im heutigen Staat, da haben es nach 1948 nur die Grünen geschafft, zu den Etablierten aufzuschließen, für alle anderen Ideen waren die Hürden der Macht einfach zu hoch.

In der noch jungen Bundesrepublik gab es viel mehr Parteien in den Parlamenten, doch das wurde schnell verhindert. Manche Parteien wurden verboten, andere verleumdet, letztlich wurden sie unter die Fünf-Prozent-Hürde gedrückt und bedeutungslos. Die verbliebenen Parteien teilten Macht und Staat unter sich auf.

Dies ist nicht einmal der Fehler der Parteileute, sondern eine direkte Folge der menschlichen Schwäche. Macht korrumpiert jede Idee, auch die allerbeste. Das Christentum lehrte Nächstenliebe und Vergebung, die mächtige Amtskirche schickte jeden, der ihren Lehren zu widersprechen wagte, auf die Scheiterhaufen.

Wenn die Macht bereit liegt, nur darauf wartet, eingesetzt zu werden, bedarf es der Standhaftigkeit eines Heiligen, diese Macht nicht im eigenen Sinn einzusetzen. So wird die Partei zum Geschwür, zum Tumor, der Metastasen in jeden Teil des Staatskörpers streut, der die Macht sammelt und bündelt.

Die Macht wird allerdings nicht als Ergebnis einer Verschwörung erlangt, sondern durch die berühmte Salami-Taktik, bei der immer wieder eine weitere millimeterdünne Scheibe abgeschnitten wird, bis auch die längste Wurst restlos verschwunden ist. Der erste Politiker probiert es aus, der zweite wagt es, weil man es beim ersten hingenommen hat, für den dritten ist es bereits ein selbstverständlich in Anspruch genommenes Recht.

Gesammelte Macht lädt jedoch zum Mißbrauch ein. Auch der Mißbrauch durchzieht alle Teile des Staates. Nicht nur Parlament, Regierung und Richter sind den Parteien untertan, sondern auch die Medien und mit ihnen die veröffentlichte Meinung.

Für einen Parteibonzen ist der Parteibonze der Nachbarpartei in der öffentlichen Darstellung ein Gegner, mit dem sich (so man es kann) grandiose rhetorische Schaukämpfe liefert, privat jedoch ist das der Kollege, mit dem man gemeinsame Interessen teilt. Natürlich gönnt der Herr von der CSU der Dame von der SPD nicht ihren Dienstwagen, wenn er selbst keinen bekommt. Aber er wird alles dafür tun, daß mit jener Position, die diese Dame innehat und die er selbst anstrebt, ein noch größerer Dienstwagen verbunden ist. Dafür kämpfen die beiden gerne Seite an Seite, aber hinter den Kulissen.

Parteien sind Organisationen zur Unterdrückung einer echten Demokratie, denn jede Partei strebt an, daß möglichst viel Macht aus den Händen des Volkes in die Hände der Partei übergeht. Das höchste Ziel sind 100% der Stimmen – und damit die Diktatur der Partei. Deshalb sollen die nachfolgenden Regelungen Parteien verhindern, indem sie deren Macht massiv beschränken.

Abgeordnete

1. Die Legislaturperiode dauert zehn Jahre. Alle fünf Jahre wird die Hälfte des Parlaments neu besetzt.

Zehn Jahre im Parlament? Ist das nicht arg großzügig? Ja, das ist es. Doch auch wenn die Abgeordneten glauben, sie könnten alles und das auf Anhieb, bis jemand richtig eingearbeitet ist, dauert es zwei bis drei Jahre. Wenn wie im heutigen Bundestag alle vier Jahre neu gewählt wird, steht der Abgeordnete kaum eingearbeitet schon wieder im Wahlkampf. Und fliegt er nach vier Jahren raus, dann haben wir ihn auf Volkskosten für eine Aufgabe ausgebildet, die er niemals ausführen wird. Also zehn Jahre, dann ist der Parlamentarier hoffentlich sieben davon produktiv.

Volle zehn Jahre ohne jeglichen Einfluß der Untertanen darf ein Parlament aber auch nicht werkeln, deshalb sollen alle fünf Jahre Wahlen stattfinden. Wenn nur das halbe Parlament ausgewechselt wird, bleiben genügend „Alte“ dabei, welche die „Neuen“ einarbeiten. Zugleich wird aber genügend Blut ausgetauscht, um neue Ideen in das hohe Haus zu tragen. Der Wechsel reicht zudem aus, um eine andere Politik durchzusetzen. Nach dem derzeitigen System verbleiben nach einer Wahl mehr Leute im Parlament, als ausgetauscht werden. Unterm Strich verbessert dieses neue Verfahren also die Verhältnisse.

Weil immer die Hälfte der Abgeordneten ausgetauscht wird, hat jeder Wahlkreis zwei Abgeordnete – bzw. eine gerade Anzahl.

2. Grundsätzlich ist jeder Deutsche für jedes Amt und jedes Parlament wählbar, jedoch schließen sich Amt und Mandat gegenseitig aus.

Dies betrifft nicht nur gewählte Ämter, sondern auch das einfache Beamtenverhältnis. Ein Beamter, der ein bezahltes Mandat antritt, muß aus dem Beamtenverhältnis ausscheiden. Beamte dürfen allerdings Teilzeitmandate ausüben, im Gemeinderat, Stadtbezirksrat, Stadtrat oder Kreisrat, ebenso Mandate im Parlament einer Reichsstadt und im Gaurat.

Vollzeit-Mandate mit einer entsprechenden Vergütung im Landtag, als Bundessenator oder im Reichstag erfordern den Austritt aus dem Beamtenverhältnis ohne das Recht auf Wiedereinstellung nach Ende der Mandatszeit. Ein Beamter darf Gemeindebürgermeister werden, jedoch kein anderes gewähltes Amt ausüben.

Die Öffnung der kommunalen Mandate für Beamte durchbricht nur scheinbar das Regelwerk. Die kommunalen Mandate werden in Teilzeit, neben der normalen Tätigkeit ausgeübt. Wenn ein Rechtsanwalt neben seiner Kanzlei im Stadtrat sitzen kann, dann darf das auch keinem Amtmann im Finanzamt verwehrt bleiben.

Auf der anderen Seite gilt: Wenn ein Programmierer für zehn Jahre in den Landtag geht, ist sein Wissen danach völlig veraltet und er hat Schwierigkeiten, wieder eine Anstellung zu finden. Deshalb kann auch der vormals beamtete Gymnasiallehrer nicht erwarten, nach zehn Jahren wieder ohne vorherige Bewerbung und Beurteilung seiner noch vorhandenen Kenntnisse auf die Schüler losgelassen zu werden.

Wer jedoch zehn Jahre Verwaltungspraktikum im Parlament hinter sich hat, besitzt sicher Kenntnisse, die im öffentlichen Dienst gebraucht werden. Deshalb sollen sich alle Abgeordnete um solche Positionen bewerben dürfen. Abgeordnete erhalten dabei ein Privileg: Obwohl sie Seiteneinsteiger sind und die Altersgrenze für die (erneute) Übernahme ins Beamtenverhältnis überschritten haben, dürfen sie sich um diese Stellen bewerben. ALLE Abgeordneten, nicht nur ehemalige Beamte.

Ein Abgeordneter befindet über Gesetze und kontrolliert die Regierung, deshalb darf er nicht gleichzeitig Mitglied dieser Regierung sein. Wenn ein Abgeordneter ein Ministeramt übernimmt, muß er sein Mandat niederlegen und darf es nicht wieder aufnehmen, wenn er aus dem Amt scheidet. Die heutige Vermischung von Regierung und Parlament darf nicht wiederholt werden, die Funktionen müssen personell klar und eindeutig getrennt sein.

3. Kein Abgeordneter darf eine zweite Legislaturperiode in seinem oder irgendeinem anderen Parlament verbringen. Scheidet der Abgeordnete vor Ablauf seiner Wahlperiode aus, so rückt automatisch aus seinem Wahlkreis der Kandidat mit dem nächsthöheren Stimmergebnis nach.

Zehn Jahre, dann ist Schluß. Zehn Jahre im Stadtrat ODER zehn Jahre im Landtag ODER zehn Jahre im Reichstag. Einmal im Leben, mehr nicht. Und natürlich auch nicht gleichzeitig in verschiedenen Parlamenten, also Stadtrat und Landtag, wie es manche Damen oder Herren so gerne tun. Damit werden auch keine Karrieren mehr stattfinden wie: Ich gehe in den Stadtrat, werde bekannt, kandidiere für den Landtag und schließlich beerbe ich den Bundestagsabgeordneten. Ein einziges Mal Abgeordneter, egal auf welcher Ebene – mehr nicht.

Die Mandate gehören einer Person, nicht einer Partei. Denn der Abgeordnete wurde gewählt, nicht irgendein Nachrücker, den der Parteichef nachschiebt. Wenn Dr. Volker Müller im Reichstagswahlkreis Köln 43% der Stimmen auf sich vereinigt, zieht er in den Reichstag ein. Möchte der Reichskanzler ihn jedoch als Innenminister, muß er sich entscheiden. Wird er Minister, rückt ohne weitere Wahl Christiane Köhler nach, die gerade einmal 16% der Stimmen erlangt hat. Und lehnt Frau Köhler ab, zieht eben Gustav Bender in den Reichstag ein, trotz seiner mickrigen 11% Stimmanteil.

Diese Regelung führt zu einigen Härten, die entschärft werden müssen:

- Abgeordnete, die vor Antritt ihres Mandats in ein Regierungsamt berufen werden, bleiben weiterhin wählbar, jedoch nur noch ein weiteres Mal. Wenn also Dr. Müller vor der ersten Sitzung des Reichstages Minister wird, kann er in drei Jahren für den Landtag kandidieren. Erringt er dieses Mandat und wird wieder vor der ersten Sitzung des Landtages Minister, ist sein passives Wahlrecht jedoch verbraucht.

- Dr. Müller als Wahlsieger darf die Wahl nur auf Grund schwerwiegender Umstände ablehnen, die zwischen Kandidatur und Wahl eingetreten sind. Um ein Beispiel zu geben: Wenn der Vater überraschend stirbt und Dr. Müller ab sofort das Familienunternehmen führen muß, darf er das Mandat ablehnen. Da somit Frau Köhler die volle Wahlperiode zur Verfügung hat, kann auch sie nicht ablehnen.

- Nachrücker, denen weniger als acht Jahren Mandat verbleiben, dürfen die Übernahme des Mandats ohne Angabe von Gründen ablehnen.

- Nachrücker, denen höchstens noch drei Jahre im Mandat verbleiben, behalten das passive Wahlrecht ohne Einschränkungen.

4. Jegliche Kandidatur geht von einer Gemeindeversammlung aus. Für die Wahlen werden auf Staatskosten offizielle Kandi-

datenbroschüren herausgegeben. Darin müssen die Kandidaten auch ihre wirtschaftlichen Verhältnisse offenlegen. Über die Reihenfolge der Kandidaten entscheidet das Los. Weitergehende Wahlwerbung ist unzulässig.

Egal, auf welcher Ebene jemand kandidieren möchte, die erste Hürde ist die persönliche Vorstellung auf einer Gemeindeversammlung. Die Bauern von Großmietraching wollen überzeugt werden, bevor Prof. Dr. Dr. von Trappentreu überhaupt als Bundessenator kandidieren darf.

Dabei hängt es von der Ebene ab, auf der kandidiert wird, wie viele Gemeindeversammlungen der Kandidat gewinnen muß. Auf kommunaler Ebene (bis Kreisrat / Stadtrat einer Großstadt) kann eine Gemeindeversammlung doppelt so viele Kandidaten aufstellen, wie Mandate vergeben werden. Für die höheren parlamentarischen Ebenen darf die Gemeindeversammlung nur jeweils einen einzigen Kandidaten nominieren.

Für eine Kandidatur zum Landtag, dem Gaurat oder dem Stadtparlament einer Großstadt genügt die Nominierung durch eine einzige Gemeindeversammlung. Für den Reichstag benötigt ein Kandidat die Nominierung durch zwei Gemeindeversammlungen, für die Nominierung als Bundessenator sind drei Gemeindeversammlungen erforderlich, die zudem nicht alle im selben Gau liegen dürfen.

Der Versammlungsleiter einer Gemeindeversammlung leitet die Nominierung an den Wahlleiter des jeweiligen Wahlkreises weiter. Die Wahlleitung lädt die nominierten Kandidaten zu einem Phototermin ein, bei dem ein Kandidatenprofil erstellt wird. Photo und Profil sind für die Kandidatenbroschüre bestimmt.

Durch dieses Vorgehen wird ausgeschlossen, daß ein vermögender Kandidat einen Starphotographen und einen Werbeprofi anheuert und damit seine Chancen verbessert. Außerdem findet eine Kontrolle statt, die allzu geschönte Kandidatenprofile verhindert.

Jedem Kandidaten steht nur eine Seite zur Verfügung. Die Reihenfolge der Kandidaten wird ausgelost. Weitere Wahlwerbung ist ebenso untersagt wie jede Art von Wahlveranstaltung. Es geht nicht darum, den Wählern das Wahlprogramm einer Partei vorzustellen, das spätestens bei den Koalitionsverhandlungen zur Regierungsbildung in den Papierkorb fällt, sondern es geht darum, Leute aus dem Volk als Vertreter zu wählen.

Der Kandidat hat gegenüber der Wahlleitung seine wirtschaftlichen und seine Vermögensverhältnisse offenzulegen. In der Wahlbroschüre wird jedoch nicht der gesamte Besitz aufgeführt, sondern nur für den Wähler relevante Informationen. Dort werden „geordnete Verhältnisse" bescheinigt, aber auch „vermögend" oder „großes Privatvermögen". Außerdem muß der Kandidat in der Wahlbroschüre alle Nebeneinkünfte angeben, die ihm als Abgeordneter von dritter Seite weiterhin zufließen würden.

Das heißt, das Volk kann selbst entscheiden, ob es einen Lobbyisten in sein Parlament wählt. Andererseits hat die z.B. die Industrie durchaus das Recht, einen Kandidaten ihrer Wahl für ein Parlament aufzustellen – ohne Wahlkampfbudget und Mauscheleien im Hinterzimmer einer Partei ergeben sich daraus für den Kandidaten keinerlei Vorteile.

Für eine Wahl braucht niemand an jeden Laternenpfahl ein Plakat zu hängen, er braucht keine Prominenz aus Berlin einzufliegen, um die eigenen Anhänger anzuheizen. Mit anderen Worten: Der Parteiapparat wird überflüssig!

Es gibt heute Wahlkreise, in denen die dominante Partei einen Schäferhund aufstellen könnte, der würde trotzdem direkt in den Bundestag gewählt. Zum Ausgleich werden die größten Kotzbrocken der Partei, die kein Wähler wirklich mag, auf sicheren Plätzen der Landesliste untergebracht, damit sie uns trotzdem in Amt und Würden auf die Nerven gehen können.

Nach der hier vorgestellten Wahlordnung gibt es keine Landeslisten. Nicht die Partei zählt, sondern die Person. Obendrein ist das Mandat kein Erbhof der Partei, denn sollte der Abgeordnete ausscheiden, rückt jemand nach, der einem ganz anderen Lager angehört.

Eine Partei kann niemandem mehr die Karriere sichern, sie kann keine Mandate vergeben, sie kann keine Regierungsämter versprechen. Warum also in eine Partei eintreten? Warum sich einer Fraktion anschließen und für Parteipolitik stimmen, wenn eine Wiederwahl ausgeschlossen ist?

5. Die Vergütung der Vollzeit-Abgeordneten richtet sich nach dem Vielfachen der Sozialhilfe. Andere Einkünfte müssen gegenüber dem Parlament offengelegt werden und werden mit der Vergütung verrechnet. Nach Ablauf des Mandats erhält der Abgeordnete ein Übergangsgeld, für das nach Höhe und Bezugsdauer die Bestimmungen des Arbeitslosengeldes gelten. Der Abgeordnete ist mit seinen Einkünften steuer- und sozialabgabenpflichtig.

Was die Abgeordneten dem Untertanen gönnen, wenn dieser nach 30 Jahren unverschuldet entlassen wird und dank vorgerückten Alters keine neue Arbeit findet, wurde einst in dem als „Hartz IV“ bekannten Gesetz festgelegt. Was dem Bürger angemessen ist, kann für den Bürgervertreter folglich nicht unter seiner Würde sein. Eine einmalige Festlegung dieser Beträge würde auch die leidigen Diäten-Diskussionen ein für alle Mal beenden.

Ein Reichstags-Abgeordneter erhält den 20fachen Sozialhilfesatz als Monats-Diäten. Wenn der Abgeordnete jedoch 50.000 Reichsmark im Jahr von der Pharma-Lobby kassiert, braucht er das Almosen des Volkes nicht mehr und sollte schon allein aus persönlichem Anstand darauf verzichten. Damit auch der Bürger sieht, wer seinen Vertreter wirklich bezahlt, darf der Sponsor natürlich dem Abgeordneten sein Firmenlogo auf die Stirn tätowieren.

Landtags-Abgeordnete erhalten den 16fachen Sozialhilfesatz.

Nach dem Ausscheiden aus dem Parlament bekommt der Ex-Abgeordnete bei Bedürftigkeit das ganz normale Arbeitslosengeld, so wie jeder andere Arbeitnehmer auch. Die Zahlungen enden mit der Aufnahme einer Berufstätigkeit oder mit dem Übergang zur Sozialhilfe.

Außerdem gibt es deutlich weniger Pension als bisher. Es ist nicht die Aufgabe des Staates, gewesene Abgeordnete für alle Zeiten gegen jegliche Fährnisse des Lebens abzusichern. Wenn nach heutiger Ansicht eine Verkäuferin mit 1.200 Euro brutto im Monat privat vorsorgen kann, schafft das auch ein Abgeordneter mit 7.700 Euro im Monat.

6. Teilzeit-Abgeordnete erhalten statt einer Vergütung eine steuerfreie Aufwandspauschale. Da Bundessenatoren ein ganzes Bundesland betreuen müssen, erhalten sie zusätzlich zu ihren Diäten ebenfalls eine steuerfreie Aufwandspauschale.

Bisher beziehen Landtags- und Bundestagsabgeordnete steuerfreie Aufwandspauschalen, mit denen ein Aufwand abgedeckt wird, der bei der neuen Regelung nicht mehr anfällt. Abgeordnete unterhalten heute Büros im Wahlkreis, die ihre Wiederwahl sichern sollen, und Büros in der Hauptstadt, die ihre Beteiligung an der Regierungs- bzw. Oppositionsarbeit erfordern. Beides fällt weg.

Die Wahlkreisbüros der Abgeordneten werden in dafür geeigneten Amtsgebäuden der Gauregierung eingerichtet, den Abgeordneten stehen die Dienste des Sekretariats der Wahlleitung und der Fahrdienst der Gauregierung zur Verfügung.

Die Bundessenatoren sind der Landesregierung zugeordnet. In ihrem Fall tritt jedoch ein Mehraufwand ein, der eine Aufwandsentschädigung rechtfertigt.

Kommunale Mandate gelten als Ehrenämter. Da auch hierbei ein gewisser Aufwand an Zeit und Kosten entsteht, wird dieser pauschal und steuerfrei vergütet. Der Höhe nach soll diese Pauschale die Kosten decken, jedoch keinen Nebenverdienst darstellen.

7. Ausschluß von Abgeordneten

Erweist sich ein Abgeordneter als nachhaltig ungeeignet für sein Mandat, sei es durch Arbeitsverweigerung, durch eine begangene Straftat oder durch fortgesetztes unwürdiges Verhalten, kann das Parlament eines seiner Mitglieder durch einen Beschluß von mindestens neun Zehntel der Abgeordneten ausschließen. Das Mandat fällt in diesem Fall auf den ersten Nachrücker.

8. Abwahl von Abgeordneten

Grundsätzlich kann jede Gemeindeversammlung einem Abgeordneten mit einfacher Mehrheit das Mißtrauen aussprechen. Die Gemeindeversammlung informiert darüber den zuständigen Wahlleiter.

Der Abgeordnete, dem das Mißtrauen ausgesprochen wurde, hat das Recht, vor der Gemeindeversammlung zu erscheinen und sich zu rechtfertigen. Die Gemeindeversammlung kann ihn zu einer solchen Rechtfertigung vorladen. Der Abgeordnete ist unter Rücksicht auf seine sonstigen Termine verpflichtet, dort zu erscheinen.

Die Organisation des Mißtrauensvotums ist die Aufgabe der Gemeindeversammlungen. Dazu genügt es, die jeweiligen Vorsitzenden anzuschreiben. Die Vorsitzenden der anderen Gemeindeversammlungen müssen die Bürger über diesen Vorgang unterrichten. Es steht jedoch jeder Gemeindeversammlung frei, über das Mißtrauensvotum abzustimmen. Tut sie es, und sollte der Antrag eine Mehrheit finden, wird ebenfalls der Wahlleiter unterrichtet.

Wenn mindestens ein Drittel der Gemeindeversammlungen sich dem Mißtrauensvotum angeschlossen haben, wird beim nächsten Wahltermin über die Abwahl des Abgeordneten abgestimmt. Der Abgeordnete hat vorher das Recht, jede Gemeindeversammlung aufzusuchen und für seinen Verbleib im Mandat zu werben.

9. Übergangsregelung: Wird dieses Wahlsystem neu aufgesetzt, so bekommt eine Gruppe ein Mandat für fünf Jahre, die andere ein Mandat für zehn Jahre. In diesem speziellen Fall behalten die Abgeordneten mit dem fünfjährigen Mandat das passive Wahlrecht, sie können also ein weiteres Mal gewählt werden..

Die Arbeit des Parlaments

Das Parlament ist als gesetzgebende Macht völlig getrennt von der Regierung. Kein Regierungsmitglied darf einem Parlament angehören, kein Abgeordneter der Regierung. Die Regierung ist gegenüber dem Parlament in der Rolle eines Bittstellers, anstatt das Parlament durch die Mehrheit der Abgeordneten zu beherrschen.

Jedes Parlament hat die Aufgabe, die auf seiner Ebene angesiedelte Regierung zu überwachen und zu kontrollieren. Die Regierung ist dem Parlament Rechenschaft schuldig. Das Parlament kann durch einen Mehrheitsentscheid Regierungsbeschlüsse aufheben, also der Regierung direkt entgegenwirken.

Im Parlament sitzen Vertreter des Volkes, nicht Abgesandte der Parteien. Der Abgeordnete ist seinen Wählern Rechenschaft schuldig, nicht irgendwelchen Parteioberen. Da die Parteien im neuen Reich keine Bedeutung mehr besitzen, gibt es keine Fraktionen mehr, also auch keine Fraktionszwänge oder Fraktionsämter. Es steht den Abgeordneten jedoch frei, Interessengemeinschaften zu bilden.

Herausgehobene Ämter im Parlament haben nur die von den Abgeordneten gewählten Präsidenten des Parlaments und seine beiden Stellvertreter, außerdem die Vorsitzenden der Parlamentsausschüsse inne.

Das Parlament entscheidet über Gesetzesvorlagen der Regierung. Die Regierung legt diese den Abgeordneten vor, worauf das Parlament den Gesetzentwurf in seiner nächsten Sitzung in offener Debatte behandelt. Das Parlament kann ein Gesetz ablehnen, es zur Nachbesserung an die Regierung zurückverweisen oder es annehmen.

Außerdem beschließt das Parlament über den Haushalt der Regierung und der einzelnen Ministerien. Dazu ist das Parlament berechtigt, Auskünfte beim zuständigen Rechnungshof einzuholen. Die Ministerien müssen sich an die Budgetvorgaben des Parlaments halten, sie sind nicht berechtigt, Überziehungs- oder sonstige Kredite zu beanspruchen.

Der Reichstag ist das einzige Gremium, das Kredite der Reichsbank an die Reichsregierung genehmigen kann. Analog müssen die Landtage Kreditwünsche der Landesregierung an das Reich genehmigen und Gauräte Kredite des Gaues bei der Landesregierung. Alle untergeordneten Regierungsstellen können sich also nur bei übergeordneten Regierungsstellen verschulden, erst die Reichsregierung kann sich an die Reichsbank wenden. Kredite von Privatpersonen oder Firmen an Behörden, Kommunen oder Regierungsstellen sind streng verboten.

Außerdem wählen die Landtage die Richter und Staatsanwälte an den Oberlandesgerichten aus dem Vorschlag der Landgerichte; der Reichstag wählt die Richter und Staatsanwälte an den Reichsgerichten aus dem Vorschlag der Oberlandesgerichte.

Über die Qualifikationen der Richter und deren Laufbahn folgt ein eigenes Kapitel.

Regierungen

Jede Regierung ist personell vollständig getrennt von dem dieser Ebene zugehörigen Parlament. Der Bürgermeister kann vor seiner Gemeindeversammlung sprechen und Anträge stellen, er hat jedoch weder den Vorsitz inne, noch ist er dort stimmberechtigt. Gleiches gilt für Landräte, Gaupräsidenten, Ministerpräsidenten und den Reichskanzler.

Jeder Regierende kann sich seine Minister (bzw. Referenten) frei auswählen. Jedoch kann die jeweilige Regierung nicht beliebig viele Minister ernennen. Zum einen gibt es Funktionen, die nur das Reich ausübt, z.B. das Außenministerium und das Verteidigungsministerium. Auch wenn das Königreich Bayern einstens einen eigenen Gesandten beim Vatikan behalten durfte, ist das kein Grund, dem Bundesland Bayern einen Außen- oder Europaminister zuzugestehen. Ebenso wenig braucht die Großgemeinde Nordoosterstedt einen Verteidigungsbeauftragten.

Der zweite Grund sind die fehlenden Parteifreunde, die bei Koalitionsrunden mit Pöstchen und Dienstwagen versorgt werden müssen. Und natürlich mit Titeln, deshalb kümmert sich heute ein Bundesbauernminister um Landwirtschaft, Forsten und Verbraucherschutz. Das künftige Reich wird nur eine begrenzte Zahl von Titeln verfügen, allerdings können die Aufgabengebiete der Minister den Erforderungen der Zeit angepaßt werden.

Regierungsämter dürfen in beliebiger Zahl und in beliebiger Reihenfolge bekleidet werden. Der Gemeindebürgermeister von Güntersleben kann Gaupräsident von Unterfranken werden, anschließend Reichskanzler, Ministerpräsident von Franken und schließlich Bürgermeister von Veitshöchheim. Wiederwahlen sind unbegrenzt möglich.

Beamte dürfen sich um jedes Regierungsamt bewerben. Als Gemeindebürgermeister, der nur ein Teilzeitamt ausübt, darf der Beamte sein Dienstverhältnis fortsetzen. Jedes andere Amt erfordert das Ausscheiden aus dem Beamtenverhältnis, ohne Anrecht auf Wiedereinstellung.

Gemeinde-, Stadt- und Kreisregierungen

Die unterste Form einer Regierung sind die Bürgermeister der Gemeinden. Bislang werden diese in freier und geheimer Wahl von den Bürgern gewählt. Theoretisch wäre es möglich, die Gemeindebürgermeister direkt von der Gemeindeversammlung wählen zu lassen. Die Gemeindeversammlung könnte sogar sämtliche Funktionen der Gau-, Landes- und Bundesversammlungen gegenüber dem Gemeindebürgermeister erfüllen, jedoch hat sie einen großen Nachteil: Die Zusammensetzung von Gemeindeversammlungen wechseln ständig. Sollte durch irgendeinen Zufall – beispielsweise dem 50. Geburtstag des Kommandanten der Freiwilligen Feuerwehr – der größte Teil der Gemeindeversammlung anderweitig beschäftigt sein, wählen die paar Anwesenden mal eben einen neuen Bürgermeister, der drei Monate später von der nächsten Gemeindeversammlung wieder aus dem Amt gehebelt werden muß.

Deshalb muß auch die Gemeindeversammlung ihre Bürgermeisterkandidaten nominieren, die bei den Gemeinderatswahlen im bisherigen Verfahren gewählt werden. Es sollten drei bis fünf Kandidaten sein, auch wenn mir bewußt ist, daß manche Gemeinden sich schwer tun, auch nur einen Kandidaten zu finden. Falls die Gemeinde nicht in der Lage sein sollte, einen Kandidaten zu benennen, ist das zuständige Landratsamt berechtigt, einen Beamten als kommissarischen Bürgermeister einzusetzen. Dieser kann von der Gemeindeversammlung jederzeit durch einen von der

Versammlung gewählten Bürgermeister abgelöst werden, der bis zum Ende der Wahlperiode im Amt bleibt.

In Kleinstädten sind Stadtgemeinden berechtigt, bis zu zwei Kandidaten für den Bürgermeister zu nominieren, der anschließend im Rahmen der Stadtratswahl von den Bürgern gewählt wird.

In kreisfreien Städten ist jede Stadtteilversammlung berechtigt, einen Kandidaten für das Amt des Oberbürgermeisters zu nominieren. Gleiches gilt für Bezirksbürgermeister in Groß- und Reichsstädten.

Entsprechend werden die Kandidaten für den Landrat eines Kreises nominiert, wozu jede Landgemeinde und jede Stadtgemeinde einer Kleinstadt berechtigt ist.

Auch die Kandidaten für den regierenden Bürgermeister einer Großstadt werden von Stadtteilversammlungen aufgestellt, allerdings benötigt jeder Kandidat die Nominierung durch zwei Stadtteilversammlungen.

Der bisherige Bürgermeister ist automatisch als Kandidat nominiert, es sei denn, er erklärt den Verzicht auf eine Wiederwahl. Die Amtszeit eines Bürgermeisters bzw. Landrats beträgt fünf Jahre, er kann beliebig oft wiedergewählt werden.

Die Kandidaten für das Amt des Bürgermeisters bzw. des Landrates stellen sich ihren Wählern in einer Wahlbroschüre vor, ähnlich der Wahlbroschüre für das Parlament. Die Reihenfolge der Kandidaten wird hierbei ausgelost, auch der bisherige Amtsinhaber wird nicht an einem ausgewiesenen Platz präsentiert, sondern unterliegt dem Losverfahren.

Jegliche Wahlbeeinflussung mittels des Amtes (z.B. in Form eines „Bürgerbriefes") führt zum Ausschluß des Amtsinhabers aus dem Wahlverfahren. Über diese Verfehlung und den Ausschluß befindet die Wahlleitung des Gaues.

Der Gaupräsident

Der Gaupräsident wird von der Gauversammlung gewählt. Die Gauversammlung tritt regulär einmal pro Jahr zusammen. Ihr gehören an:

- alle Bürgermeister des Gaues
- alle Landräte des Gaues
- die Vorsitzenden der Stadtteilversammlungen des Gaues

Den Vorsitz über die Gauversammlung führt der Innenminister des jeweiligen Bundeslandes oder sein Stellvertreter. In der ersten Gauversammlung nach der Neuwahl der Bürgermeister wählt die Gauversammlung den Gaupräsidenten.

Jeder Angehörige der Gauversammlung kann einen Kandidaten für den Gaupräsidenten vorschlagen. Der Leiter der Versammlung hat sich jeglicher Kommentare zu enthalten und darf selbst keinen Kandidaten vorschlagen. Der bisherige Gaupräsident kandidiert dabei automatisch erneut, es sei denn, er verzichtet explizit.

Die Kandidaten stellen sich anschließend in kurzen Reden (fünf Minuten, überwacht vom Versammlungsleiter) selbst vor.

Im ersten Wahlgang wird jener Kandidat gewählt, der mehr als die Hälfte der abgegebenen Stimmen auf sich vereinigt. Vereinigt keiner der Kandidaten die geforderte Stimmanzahl auf sich, findet eine Stichwahl unter jenen drei Kandidaten statt, welche die höchste Stimmzahl auf sich vereinigt haben.

Falls die Gauversammlung es wünscht, werden diese Kandidaten vor dem zweiten Wahlgang von der Gauversammlung über ihre Ziele und Absichten befragt. Diese Aussprache soll nicht mehr als eine Stunde dauern, außerdem hat die Versammlungsleitung darauf zu achten, daß alle Kandidaten die gleiche Redezeit erhalten.

Der Kandidat, der im zweiten Wahlgang die meisten Stimmen auf sich vereinigt, gilt als gewählt. Entfällt auf zwei Kandidaten eine gleich hohe Stimmzahl, folgt unmittelbar eine Stichwahl als dritter Wahlgang. Ergibt auch dieser eine gleiche Stimmzahl, entscheiden die Landräte, Oberbürgermeister und regierenden Bürgermeister in offener Wahl durch Handzeichen.

Der Gaupräsident wird folglich nicht durch den Gaurat gewählt, ist also von der Legislative des Gaues unabhängig.

Der Gaurat kann dem Gaupräsidenten jedoch mit Dreiviertelmehrheit das Mißtrauen aussprechen. Daraufhin tritt eine außerordentliche Gauversammlung zusammen, die entweder einen neuen Gaupräsidenten wählt oder den bisherigen im Amt bestätigt.

Innerhalb der Wahlperiode legt der Gaupräsident bei regulären Gauversammlungen einen Rechenschaftsbericht vor. Im Anschluß findet eine Diskussion statt. Zuletzt stellt der Gaupräsident die Vertrauensfrage. Erhält er die Zustimmung von mindestens 40% der Gauversammlung, verbleibt er im Amt. Andernfalls folgt binnen zweier Wochen eine außerordentliche Gauversammlung, welche einen neuen Gaupräsidenten wählt.

Der Gaupräsident ist der Regierungschef des Gaues. Anders als die bisherigen Bezirksregierungen ist die Gauregierung keine Verwaltungsbehörde, sondern eine vollwertige Regierung, die eigenständige Entscheidungen trifft und in ihren Bereichen Handlungsvollmacht besitzt (siehe Kapitel Ministerien).

Die Bürgermeister einer Reichsstadt

Die Wahl erfolgt durch eine Reichsstadtversammlung entsprechend der Gauversammlung. Teilnehmer sind die Bezirksbürgermeister und die Vorsitzenden der Stadtteilversammlungen. Bei einem Patt nach dem dritten Wahlgang entscheiden die Bezirksbürgermeister in offener Abstimmung.

Der Ministerpräsident

Für den Ministerpräsidenten gilt alles, was über den Gaupräsidenten gesagt wurde. An die Stelle der Gauversammlung tritt die Landesversammlung, unter der Leitung eines Bundessenators.

Der Landesversammlung gehören an:

- alle Gaupräsidenten des Landes
- der Bürgermeister einer zum Land gehörenden Reichsstadt und seine Bezirksbürgermeister
- alle Landräte
- alle Oberbürgermeister und die Regierenden Bürgermeister der Großstadt

Der Ministerpräsident wird vom Landtag kontrolliert, dieser kann mit Dreiviertel-Mehrheit dem Ministerpräsidenten das Mißtrauen aussprechen und eine außerordentliche Landesversammlung einberufen.

Bei einem Patt nach dem dritten Wahlgang sind die Gaupräsidenten und der Bürgermeister einer zum Land gehörenden Reichsstadt zur offenen Abstimmung berechtigt.

Der Reichskanzler

Der Reichskanzler wird von der Bundesversammlung unter dem Vorsitz des Präsidenten des Bundesrates gewählt.

Der Bundesversammlung gehören an:

- alle Bundessenatoren
- alle Gaupräsidenten der Bundesländer
- die Bürgermeister der Reichsstädte

Der Reichskanzler ist der Regierungschef des Deutschen Reiches ebenso wie des Deutschen Bundes. Deshalb sind auch jene Bundesländer, die noch nicht Teil des Deutschen Reiches geworden sind, in der Bundesversammlung durch ihre Vertreter wahlberechtigt.

Bundesländer in der Endphase des Aufnahmeprozesses, die nur durch einen stimmberechtigten Bundessenator vertreten sind, entsenden auf die Bundesversammlung nur diesen einen Senator. Der Senator besitzt jedoch alle Rechte eines Mitglieds der Bundesversammlung, insbesondere ist er berechtigt, einen eigenen Kandidaten vorzuschlagen.

Bei einem Patt nach dem dritten Wahlgang sind die Bundessenatoren zur offenen Abstimmung berechtigt.

Warum diese Wahlversammlungen?

Der eine Grund ist der hohe Aufwand, den eine Wahl der Gaupräsidenten, der Ministerpräsidenten und des Reichskanzlers durch das Volk bedeutet. Bürgermeister und Landräte sind dem Bürger persönlich bekannt, deshalb können diese direkt vom Volk gewählt werden.

Bei den höheren Regierungsämtern wäre es zu aufwendig, die Kandidaten dem ganzen Volk vorzustellen. Selbst ein Gaupräsident kann nicht mit jenen 50.000 Gaubürgern persönlich sprechen, die eine dringende Frage an ihn hätten. Das heißt, er müßte jedem Bürger nahegebracht werden, durch professionelle Werbung. Hier besitzt der Amtsinhaber einen geradezu uneinholbaren Bonus, der heutzutage durch die jeweilige Partei ausgeglichen wird.

Außerdem gibt es den Franz-Josef-Strauß-Effekt. Der Mann war für Bayern ein guter Ministerpräsident, der viel für den Freistaat getan hat und zweifellos alle Fähigkeiten für einen guten Bundeskanzler gehabt hatte. Zugleich hat dieser Mann polarisiert: Damals gab es Leute, die in Strauß messianische Fähigkeiten verkörpert sahen, andere betrachteten ihn als einen direkten Abgesandten der Hölle.

Ich gehe davon aus, daß die Gau-, Landes- und Bundesversammlungen die Kandidaten kennen und persönlich befragen werden, also ein besseres Urteil abgeben werden, als es einem Bürger möglich ist, der auf die veröffentlichte Meinung angewiesen ist. Ich setze zwar voraus, daß die Wähler bei Regierungsämtern deutlich qualifizierter entscheiden, als beim „European Song Contest“ oder bei „Deutschland sucht den Superstar“, aber ich bevorzuge trotzdem diese Versammlungen, die unserem Land einen Reichskanzler Thomas Gottschalk oder Günter Jauch zuverlässig ersparen werden.

Als zentrales Anliegen habe ich die strikte Trennung von Exekutive und Legislative. Zwar kann der Reichstag vom Reichskanzler Rechenschaft verlangen, er kann auch mit Dreiviertelmehrheit dessen Abwahl einleiten, aber letztlich ist es nicht der Reichstag, der über den Kanzler entscheidet, sondern ein anderes, völlig getrenntes Gremium.

Ministerien

Der jeweilige Regierungschef ernennt die Minister nach seinem eigenen Gutdünken. Er benötigt fähige Leute für die Regierungsarbeit, deshalb gehe ich davon aus, daß er eben nicht seine Schwiegermutter zur Außenministerin ernennen wird.

In der folgenden Liste führe ich an, welcher Minister auf welcher Ebene mit der Regierungsarbeit betraut ist:

Ressort	Reich	Bundesland	Reichsgau
Kanzleramt	X	X	X
Bundesangelegenheiten	X	-	-
Außenministerium	X	-	-
Innenministerium	X	X	X
Finanzen	X	X	X
Forschung	X	X	X
Reichsvermögen	X	X	Behörde
Familie	X	Behörde	X
Verteidigung	X	Verwaltung	-
Arbeit	X	Behörde	X
Soziales	X	Behörde	Behörde
Bildung	X	Verwaltung	Behörde
Kultur	Verwaltung	X	Behörde
Bau und Verkehr	Behörde	X	Behörde
Umwelt	Verwaltung	X	Behörde
Gesundheit	Verwaltung	X	Behörde
Landwirtschaft	Behörde	Behörde	X
Wirtschaft	Behörde	Behörde	X
Justiz	Verwaltung	Behörde	Verwaltung

Das **Kanzleramt** gibt es auf allen Ebenen. In den Ländern heißt es Staatskanzlei, in den Gauen Präsidialamt. Dieser Minister ist eine Art „Haushofmeister“ für den jeweiligen Regierungschef, er übernimmt die Verwaltungsarbeit innerhalb der Regierung. Das Kanzleramt übernimmt die Terminplanung für den Regierungschef und dient ihm als Verwaltungsbehörde.

Das Ministerium für **Bundesangelegenheiten** gibt es nur in der Reichsregierung. Dieses Ministerium ist der zentrale Ansprechpartner für die Regierungen der Bundesländer. Wenn ein Land dem Deutschen Bund beitreten möchte, führen das Ministerium für Bundesangelegenheiten und das Außenministerium gemeinsam die Beitrittsverhandlungen. Nach Abschluß des Beitrittsvertrages ist ausschließlich das Ministerium für Bundesangelegenheiten zuständig. Es überwacht die Heranführung des neuen Landes an den Deutschen Bund und beurteilt die Fortschritte.

Das **Außenministerium** hält die Kontakte des Deutschen Reiches mit anderen Staaten. Es erfüllt im Wesentlichen dieselben Aufgaben wie heute, bekommt jedoch den Auslands-Geheimdienst unterstellt, der heute noch beim Kanzleramt angesiedelt ist.

Das **Innenministerium** ist für die Verwaltung des Staates zuständig. Ihm unterstehen alle Behörden, die nicht direkt einem anderen Ministerium zugeordnet sind. Dem Innenministerium untersteht die Polizei, es ist zuständig für die innere Sicherheit.

Das **Finanzministerium** dient der Geldbeschaffung des Reiches, der Länder und der Gaue. Jeder Ebene stehen eigene Steuern zu, deren Aufkommen vom jeweiligen Finanzministerium verwaltet wird. Finanzministerien der Gaue können Kredite ausschließlich beim Finanzministerium des jeweiligen Bundeslandes aufnehmen. Bundesländer erhalten Kredite ausschließlich vom Reichsfinanzministerium. Das Reichsfinanzministerium kann sich Geld ausschließlich bei der Reichbank leihen. Diese Kredite sind zinslos, müssen aber in jedem Fall zurückbezahlt werden.

Die **Forschungsministerien** dienen der Koordinierung und der Förderung von Forschungsvorhaben. Da Deutschland nur einen einzigen wirklich wertvollen Rohstoff in großen Mengen besitzt, die geistigen Leistungen seiner Bewohner, muß dieser Rohstoff gezielt von der Regierung gefördert werden.

Das **Reichsvermögensministerium** (bzw. Landesvermögensministerium) verwaltet das Reichsvermögen. Ihm unterstehen die Reichspost, die Reichsbahn und die Reichsbank. Außerdem verwalten diese Ministerien die Liegenschaften des Reiches und der Bundesländer, wie z.B. Forsten, Ländereien oder Schlösser. Auf Gauebene wird das Vermögensministerium durch eine Behörde repräsentiert.

Das **Familienministerium** kümmert sich um alles, was mit Kindern, Jugend und Familie zu tun hat. Auf Reichsebene ist das Ministerium für den Erlaß und die Nachbesserung der entsprechenden Gesetze zuständig. Auf Landesebene ist eine dem Reichsministerium unterstellte Behörde zuständig für die Koordination der Einzelmaßnahmen, die Verwaltung von Erholungsheimen und die Abstimmung der Gauministerien. Die Hauptarbeit findet vor Ort in den Gauen statt, deshalb ist hier eine Ministerialebene angesiedelt, mit Entscheidungskompetenz.

Das **Verteidigungsministerium** ist ein reines Reichsministerium. Ihm unterstehen die Streitkräfte, sowohl personell als auch in ihrer Ausrüstung. Auf Landesebene werden untergeordnete Verwaltungen unterhalten, die anders als Behörden nur eine eingeschränkte Entscheidungskompetenz besitzen.

Das **Arbeitsministerium** ist ähnlich organisiert wie das Familienministerium: Gesetze werden auf Reichsebene verabschiedet, auf Landesebene verwaltet und in den Gauen eigenverantwortlich umgesetzt. Vereinfacht ausgedrückt, kümmert sich das Arbeitsministerium darum, daß jeder Bürger einer auskömmlichen und seinen Fähigkeiten entsprechenden Arbeit nachgehen kann.

Das **Sozialministerium** gibt es nur auf Reichsebene, in Ländern und Gauen ist es durch untergeordnete Behörden vertreten. Seine Aufgabe ist die Fürsorge für Bedürftige und die Auszahlung von Renten.

Das **Bildungsministerium** ist zuständig für Schulen und Universitäten. Auf Landesebene gibt es nur eine Verwaltung, vor Ort in den Gauen eine Behörde. Das Bildungsministerium gibt die Lehrpläne der Schulen in den zentralen Fächern vor: Mathematik und Naturwissenschaften, Deutsch, Staatsbürgerkunde, Geschichte, Geographie und Fremdsprachen. Universitäten müssen neue Studiengänge vom Bildungsministerium genehmigen lassen.

Die **Kulturministerien** der Länder haben auf Reichsebene nur eine gemeinsame Verwaltung, die dem Reichinnenministerium unterstellt ist und die Arbeit der Landesministerien ohne Weisungsbefugnis überwacht. Das Kulturministerium ist der Hüter der Landeskultur und ist zuständig für die weiteren Schulfächer, wie Heimatkunde, Musik, Sport, Religion. Außerdem obliegt ihm die Kulturförderung.

Das **Bau- und Verkehrsministerium** ist für Wohnungsbau und die Verkehrswege zuständig. Auf Reichsebene werden die Länderministerien durch eine Behörde koordiniert, die dem Innenministerium untersteht. Reichsautobahnen und Reichsstraßen werden von der Reichsbehörde zusammen mit den Länderministerien geplant, die Ausführung obliegt den Ländern. Die Überwachung in den Gauen (Baufortschritte, Straßen- und Brückenzustand) obliegt den untergeordneten Behörden in den Gauen.

Die **Umweltministerien** sind ebenfalls den Ländern zugeordnet. Eine zentrale Verwaltung zeichnet die Arbeit der Länderministerien auf, sie ist jedoch nicht weisungsberechtigt. Die Umweltprobleme des Reichslandes Tirol sind gänzlich anderer Natur wie diejenigen des Reichslandes Ostpreußen. Deshalb ist es zwecklos, diese zentral durch das Reich zu regeln. Vor Ort in den Gauen sind untergeordnete Behörden als ausführende Organe zuständig.

Die **Gesundheitsministerien** besitzen die gleiche Struktur wie die Umweltministerien. Die Bekämpfung von Krankheiten und die Überwachung gesundheitlicher Gefahren gehören näher an die Bürger heran, deshalb sind diese Ministerien auf Länderebene angesiedelt.

Landwirtschaftsministerien sind Aufgaben der Gaue. Im ostelbischen Reichsteil ist großflächige, extensive Landwirtschaft möglich, in den Gauen des Alpenlandes hingegen intensive Bergwirtschaft. Deshalb sind auf Landes- und auf Reichsebene nur koordinierende Behörden angesiedelt, die Entscheidungskompetenz liegt vor Ort in den Gauen.

Für die **Wirtschaftsministerien** gilt dasselbe wie für die Landwirtschaft: Es soll nicht in Berlin entschieden werden, ob in Meckenheim bei Bonn ein Hersteller für Landmaschinen angesiedelt werden soll. Die Bedingungen vor Ort kennt die Gauregierung viel besser, also soll sie entscheiden. Damit sich die einzelnen Gaue nicht in selbstmörderische Wettbewerbe verstricken, gibt es auf Landes- und Reichsebene überwachende Behörden.

Ein **Justizministerium** gibt es nicht. Die Richter sind dem Zugriff der Politik vollständig entzogen. Deshalb gibt es auf Reichsebene nur eine Verwaltung, die dem Innenministerium unterstellt ist. Die Behörden auf Landesebene verwalten die Gefängnisse, sind zuständig für die Errichtung und Ausstattung der Gerichtsgebäude und sorgen dafür, daß die Wahlen der Richter korrekt ablaufen.

Ministerium, Behörde, Verwaltung

Auf den ersten Blick handelt es sich immer um ein Amtsgebäude, in denen Beamte irgendwelche Akten wälzen. In der Hierarchie und der Entscheidungsbefugnis besteht jedoch ein gewaltiger Unterschied.

Ein Ministerium ist die oberste Behörde, an deren Spitze ein Volksvertreter steht, kein Karrierebeamter. Das Ministerium kann Gesetze beantragen und als Oberbehörde Ausführungsbestimmungen erlassen. Dabei kann ein Ministerium auf Reichsebene riesengroß sein und Tausende Mitarbeiter haben, oder auf Gauebene eine überschaubare Behörde mit einigen Dutzend Mitarbeitern. Die Zahl der Mitarbeiter bemißt sich an den Aufgaben des Ministeriums.

Eine Behörde ist an die Gesetze und Weisungen gebunden, kann aber im Rahmen dieses Spielraumes Entscheidungen fällen. Eine Behörde untersteht mittelbar oder unmittelbar einem Ministerium. Existiert kein Fachministerium, untersteht die Behörde dem Innenministerium.

Eine Verwaltung hat keinen Entscheidungsspielraum. Sie sammelt Daten und vergleicht diese, leitet sie gebündelt an die zuständige Behörde oder das zuständige Ministerium weiter. Die Verwaltung hat zudem sehr wenig bis gar nichts mit dem Fachbereich zu tun, innerhalb dessen sie angesiedelt ist.

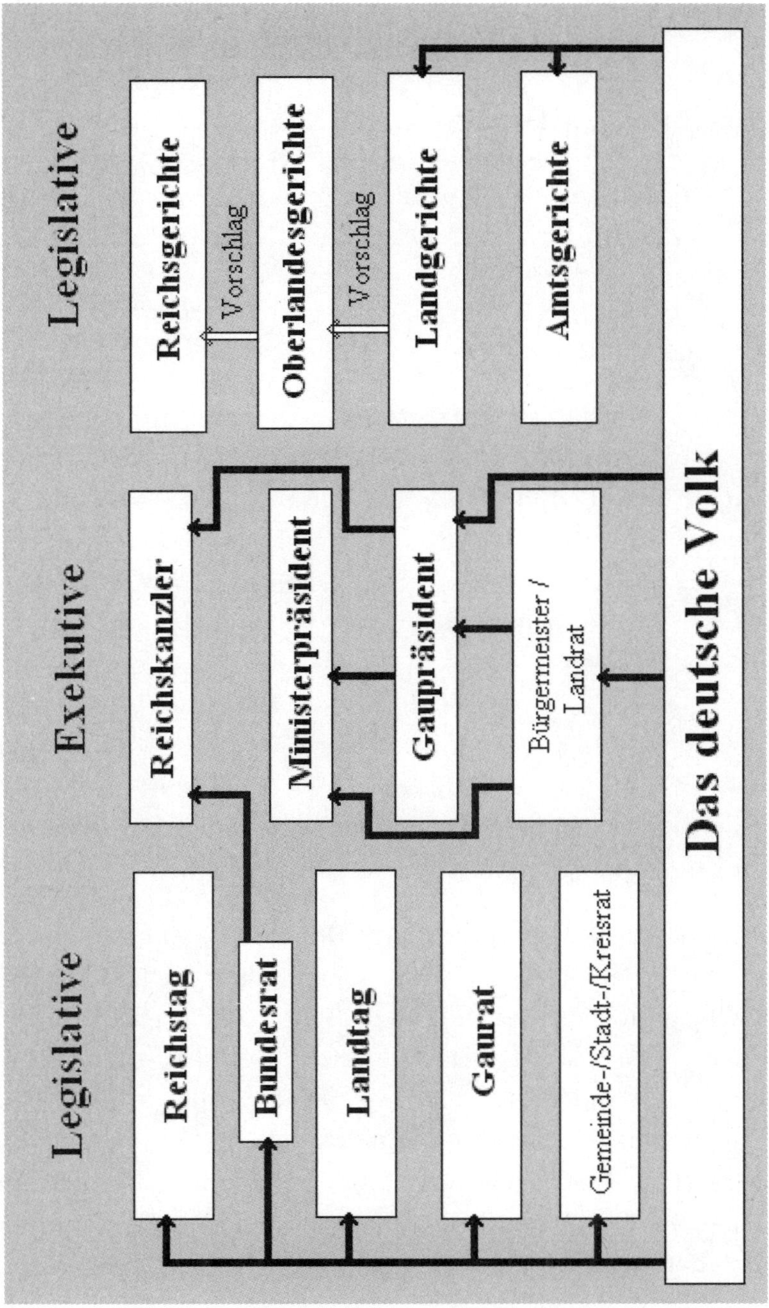

Abb. 2: Gliederung der Gewaltenteilung

Staatsoberhaupt

Staatsoberhäupter gibt es in mehreren Varianten. Die eine richtet sich nach der Zeit, die andere nach der Macht des Staatsoberhauptes.

	Gewählt	Lebenszeit	Dynastie
Repräsentativ	BRD	Kein Beispiel	Englisches Königshaus
Vollmachten für den Notfall	Weimarer Republik	Polnischer König	Deutscher Kaiser
Regierend	USA, Rußland	Diktator, Papst	Absoluter Monarch

Das repräsentative Staatsoberhaupt hat keine wirkliche Macht, sondern dient allein protokollarischen Zwecken. Je nach Persönlichkeit verfügt der Amtsinhaber jedoch über Einfluß. So würde der britische Premierminister nur in Ausnahmefällen gegen den klaren Willen der Königin regieren.

Der Reichspräsident der Weimarer Republik konnte mittels Notverordnungen Regierungsgewalt übernehmen, auch wenn er zu normalen Zeiten nur ein repräsentatives Amt ausgeübt hat. Der Polnische König wurde auf Lebenszeit gewählt, der Titel war nicht erblich. Anders als seine westlichen Kollegen hatte er mit dem Sejm jedoch immer ein Parlament im Rücken. Der Deutsche Kaiser konnte den Kanzler ernennen, außerdem war er der Oberkommandierende der Armee, aber er war nicht der Regent des Kaiserreiches.

Ein regierendes Staatsoberhaupt halte ich für ungeeignet, es gibt schließlich schon den Reichkanzler, der die Regierungsgeschäfte führt und die Minister ernennt bzw. überwacht.

Was ich auf keinen Fall haben möchte, ist ein Staatsoberhaupt wie Johannes Rau, der am Ende seines Lebens bereits schwer krank durch Parteimanöver in eine Austragstelle gehievt wurde. Sicher, die Partei als treibende Kraft fällt weg, doch ein Staatsoberhaupt, das alle fünf Jahre wechselt, ist immer ein schwaches Staatsoberhaupt.

Der Staatsaufbau des Deutschen Reiches deckt bislang die Kontrolle der Regierung und den Einfluß des Volkes ab, es fehlt allerdings ein konstantes Element, das über die Legislaturperioden hinausweist. Diese Konstanz verkörpert ein Präsident oder Monarch, der auf Lebenszeit gewählt ist.

Dieser Monarch hat jedoch einen gravierenden Nachteil. Ich kenne einen gewissen Marco recht gut, der 27 Jahre alt ist. Ein intelligenter junger Mann, deutlich über sein Alter hinaus gereift, befähigt... und ein guter Freund von mir. Ja, ich kann mir diesen Marco als „Kaiser" vorstellen. Was ich jedoch nicht sagen kann, ist, ob er ein guter Kaiser wird, denn er hat noch keine größere Bewährungsprobe absolviert, also eine Führungsposition innegehabt.

Da SIE Marco nicht kennen, dürften Sie ihn kaum wählen wollen. Sie entscheiden sich da viel lieber für jemanden, der 50 oder 60 ist und schon gezeigt hat, was er kann. Das heißt, der Monarch hat in etwa 20 Amtsjahre vor sich. Das bedeutet, die Stabilisierung, die von ihm ausgeht, ist relativ gering.

In einer Dynastie sieht es anders aus. Wilhelm II. wird heute als Wirrkopf dargestellt, der sein Volk in den ersten Weltkrieg getrieben hat und für den Untergang der Monarchie und des deutschen Kaiserreiches verantwortlich ist. Tatsächlich waren seine Zeitgenossen 1913, zu seinem 25jährigen Thronjubiläum, davon ausgegangen, daß er als „Wilhelm der Große“ in die Geschichte eingehen würde, hatte das Land unter ihm einen beispielhaften Aufschwung erlebt. Am ersten Weltkrieg hatte er, wenn überhaupt, nur ganz geringe Schuld.

Die Berichte über durchgeknallte Monarchen wurden von ihren Nachfolgern in die Welt gesetzt, um deren Andenken zu verunglimpfen. Tatsächlich wurden unfähige Monarchen rasch von ihrer Position entfernt. So gab es in Bayern einen König Otto, den Bruder und Nachfolger des Märchenkönigs Ludwig II., der unter psychiatrischer Aufsicht gehalten wurde, währen Prinzregent Luitpold das Amt innehatte.

Ein Thronfolger wird von klein auf für sein späteres Amt erzogen und darauf vorbereitet. Anders als ein auf bloße Lebenszeit gewählter Regent wird ihm eingebleut, daß er der Treuhänder ist, der das Reich vom Vater übernimmt und an den Sohn weitergeben wird – oder von der Mutter an die Tochter.

Ein Fürstbischof von Würzburg mußte nicht für seine Nachfolger vorsorgen, denn die gehörten anderen, womöglich feindlich gesonnenen Familien an. Ein König von Bayern hingegen mußte es tun, denn was er schuf, würde sein Enkel erben – und was er zerstörte, würde seinem Enkel fehlen.

Aus diesem Grund plädiere ich für eine kaiserliche Familie an der Spitze des Reiches. Ich plädiere nicht für die Wiedereinführung eines privilegierten Adels, nicht für zahlreiche Könige und Fürsten als Landesherren, sondern für einen Kaiser, der zwar ein bißchen repräsentativer wohnt als die heutigen Bundespräsidenten, aber nicht Dutzende Schlösser in allen Reichsteilen benötigt.

Davon abgesehen sollten Sie die Kosten der Bundespräsidenten nicht unterschätzen. Das Amtsgehalt des Präsidenten läuft nach dessen Ausscheiden in voller Höhe als Ehrensold weiter, außerdem werden diesen Herren aus Steuermitteln ein Büro, ein Dienstwagen und ein paar Helfer gestellt. Bis ans Lebensende, was sehr lange dauern kann, wenn der Altpräsident nicht die Anständigkeit besitzt, früh zu sterben. Wir bezahlen heute für die Bundespräsidenten Walter Scheel, Richard von Weizsäcker, Roman Herzog und Horst Köhler – dafür können wir uns einen richtig prächtigen Kaiserhof leisten.

Der Kaiser hat die repräsentativen Aufgaben eines Staatsoberhauptes, also alle Aufgaben der heutigen Bundespräsidenten:

- Staatsempfänge im In- und Ausland
- Prüfen und Unterzeichnen der Gesetze
- Ernennungs- / Entlassungsurkunde des Reichskanzlers
- Verleihung von Orden
- Begnadigungsrecht

Der Kaiser erhält jedoch weitere Aufgaben und Rechte, die der Bundespräsident nicht hat.

- Oberkommandierender der Streitkräfte
- Recht zur Einberufung der Bundesversammlung
- Recht, dem Reichstag Gesetze vorzuschlagen
- Recht, im Falle eines Notstands Reichskanzler und Ministerpräsidenten zu ernennen

Die Position des Oberkommandierenden ist mehr symbolisch, die Führung der Streitkräfte obliegt dem Generalstab. Durch die Einberufung der Bundesversammlung, die den Reichskanzler ablösen kann, verfügt der Kaiser über die Möglichkeit, den Kanzler zu beaufsichtigen.

Das Recht, dem Reichstag Gesetze vorzuschlagen, ermöglicht es dem Kaiser, ein Regulativ zu bilden. Trotzdem ist der Kanzler der Regierungschef, der mit seinem Kabinett zusammen Gesetze entwirft und dem Reichstag vorlegt. Ein verantwortungsvoller Reichskanzler wird sich zuvor mit dem Kaiser besprechen, um dessen Lebenserfahrung zu nutzen. Umgekehrt wird der Kaiser seine Gesetzeswünsche eher über den Kanzler umsetzen, als diesen zu übergehen und sich direkt an den Reichstag zu wenden. Für den Fall der Fälle steht dem Kaiser dieser Weg offen.

Das letzte Recht ist für den Staatsnotstand vorgesehen. Wenn der Reichskanzler im Kriegsfall ums Leben kommt, kann nicht erst langwierig eine Bundesversammlung einberufen werden, deshalb kann der Kaiser in diesem Fall direkt den Reichskanzler ernennen. Das gleiche gilt für die Ministerpräsidenten der Bundesländer. Diese Ernennung stellt die Handlungsfähigkeit der Reichs- und der Landesregierungen sicher. Jedoch muß ein so ernannter Regierungschef so bald wie möglich von einer Bundes- bzw. Landesversammlung bestätigt werden.

Erwarten Sie bitte nicht von mir, daß ich jetzt noch die kaiserliche Familie vorschlage. Habsburg, Hohenzollern, Wittelsbach... die alten Herrscherhäuser existieren noch, aber keiner ihrer Angehörigen hat Erfahrung als Staatsoberhaupt. Ich kenne keinen Vertreter dieser Häuser persönlich, deshalb sehe ich mich außer Stande, hier den neuen Kaiser zu benennen. Ich glaube jedoch, daß der zukünftige Kaiser im Lauf des Umbruchs von der heutigen BRD zum neuen Deutschen Reich genug Gelegenheit erhalten wird, seine Befähigung zu beweisen.

Gerichte

Heute existiert ein System von beamteten Staatsanwälten und Richtern, das eine gewisse Seilschaft und gegenseitige Abhängigkeit fördert. Der Neuling beginnt als Staatsanwalt, wird Oberstaatsanwalt, dann entweder leitender Oberstaatsanwalt oder Richter am Amtsgericht. Schließlich folgen das Landgericht, das Oberlandesgericht und ganz zuletzt die Bundesgerichte. Befördert wird nach Eignung, Leistung, Wohlverhalten und Parteizugehörigkeit, denn auf den unteren Ebenen entscheidet das Justizministerium und ganz oben der Parteienproporz.

Formal sind Richter unabhängig, doch es gibt eine Anzahl kleiner, subtiler Einflußnahmen, nicht nur die Beförderung, sondern auch Bundesverdienstkreuze oder Lehraufträge an Universitäten, mit denen ein Richter geködert werden kann.

Die andere Seite ist der faule Richter ohne jeglichen Ehrgeiz, der mit seinem Staatsgehalt zufrieden ist und eine ruhige Kugel schiebt. Richter dürfen sich nicht nur ihre Zeit frei einteilen, sie dürfen auch selbst entscheiden, wie viel Arbeit sie annehmen.

Staatsanwälte hingegen sind weisungsgebunden. Das heißt, der Staatsanwalt kann beauftragt werden, einen Fall zu verfolgen und ein festgesetztes Strafmaß zu fordern.

Der Justizbetrieb entwickelt somit in Deutschland ein Eigenleben, bei dem abgesicherte Beamte das Recht im Sinne des Staates auslegen. Das mag bei Raubüberfällen noch hinzunehmen sein, doch bei politischen „Verbrechen“ entstehen so Schauprozesse, die einer Demokratie nicht würdig sind. Abgesehen davon, hat sich eine Rechtsprechung zu Gunsten von Prominenten entwickelt. Während der einfache Bürger üblicherweise recht hart bestraft wird, gibt es bei Prominenten immer „mildernde Umstände“, ganz davon abgesehen, daß diese Herrschaften die besten Anwälte aufbieten und sich notfalls mit hohen Geldsummen aus der Strafe herauskaufen können.

Nach der Theorie der Demokratie gelten zwei Prinzipien: Das eine ist die Gewaltenteilung, die bei der Judikative durch die Einflußnahme der Politik nicht mehr gegeben ist, das andere ist die „Macht auf Zeit“, die durch das Berufsbeamtentum völlig ausgehebelt wird. Von der Laokratie, der Herrschaft des Volkes, sehen wir bei der Justiz weit und breit nicht einmal Ansätze.

Wir befinden uns jedoch in der glücklichen Lage, daß unsere Universitäten haufenweise Juristen produzieren, von denen nur ein Bruchteil beim Staat unterkommt – und davon wieder nur ein Teil in der Justiz. Es gibt also deutlich mehr sachkundige Anwälte, als Stellen am Gericht.

Ich verwende im Folgenden nur die Worte „Amtsgericht“ und „Landgericht“, um damit die erste und zweite Instanz / Hierarchieebene zu beschreiben. Dies dient der Vereinfachung, das Gesagte gilt genauso für die Finanzgerichte, Arbeitsgerichte, Verwaltungsgerichte, Familiengerichte usw.

Deshalb sollen Staatsanwälte und Richter an Amts- und Landgerichten künftig direkt vom Volk gewählt werden, mit einer Amtszeit von fünf Jahren. Das passive Wahlrecht besitzt jeder, der über eine abgeschlossene juristische Ausbildung verfügt. Die Wahlen finden im Amts- und Landgerichtsbezirk statt, die Vorgehensweise entspricht derjenigen der anderen Wahlen, mit der Erstbewerbung bei einer Gemeindeversammlung, der offiziellen Wahlbroschüre und dem Verbot der weitergehenden Werbung.

Diese Wahlen finden im Abstand von 2½ Jahren statt, in denen jeweils die Hälfte des Personals ausgetauscht wird. Dabei ist die Wiederwahl unbeschränkt möglich, jedoch nicht sofort im Anschluß an eine Amtszeit. Das heißt, nach fünf Jahren als Staatsanwalt muß der hohe Herr 2½ Jahre anderweitige Lebenserfahrungen sammeln, bevor er wieder in Amt und Würden zurückkehren kann.

Richter am Landgericht müssen zuvor mindestens eine Amtsperiode als Richter am Amtsgericht oder als Staatsanwalt verbracht und natürlich die Wartezeit eingehalten haben.

An die Oberlandesgerichte gelangen nur Richter und Staatsanwälte, die bereits eine Periode am Landgericht abgeleistet haben. Die Landgerichte reichen eine Liste mit jenen Leuten ein, die sie für fachlich geeignet halten, um einen Posten am Oberlandesgericht zu übernehmen. Über diese Listen und die Kandidaten entscheidet der Landtag. Der Landtag lädt die Kandidaten zur Vorstellung ein und vergibt die Ämter in geheimer Abstimmung.

Bei dieser Abstimmung hat jeder Abgeordnete genau eine Stimme für das Amt des Staatsanwalts und für das Richteramt, auch wenn mehrere Vakanzen zu besetzen sind. Gewählt sind die Kandidaten, die jeweils die meisten Stimmen auf sich vereinigt haben.

Ein zweiter Wahlgang wird erforderlich, wenn sich beim ersten Wahlgang Stimmengleichheit ergeben hat und so keine Entscheidung gefallen ist, wer den Posten bekommt und wer nicht. Der zweite Wahlgang ist keine Stichwahl, alle verbleibenden Kandidaten stehen weiterhin zur Wahl. Erst wenn es nach dem zweiten Wahlgang zu einem Patt kommen sollte, findet als dritter Wahlgang eine Stichwahl statt.

Zwischen der Amtszeit am Landgericht und derjenigen am Oberlandesgericht braucht keine Pause von 2½ Jahren eingehalten zu werden, die Amtsperioden können unmittelbar aneinander anschließen. Wer jedoch seine fünf Jahre am Oberlandesgericht abgeleistet hat, muß diese Pause einlegen, falls er sich nicht erfolgreich für ein Reichsgericht bewirbt.

Ehemalige Richter und Staatsanwälte am Oberlandesgericht können eine erneute Kandidatur bei jedem Landgericht anmelden. Es besteht jedoch kein Rechtsanspruch darauf, von diesem Landgericht auf die Liste der Kandidaten gesetzt zu werden. Die amtierenden Kollegen haben das Recht, diese Bewerbung ohne Angabe von Gründen abzulehnen.

Für die Reichsgerichte gilt der analoge Ablauf, nur muß die Kandidatenliste von den Oberlandesgerichten eingereicht werden und die Abstimmung ist dem Reichstag vorbehalten.

Die bisherigen Ämter der Landgerichtspräsidenten usw. entfallen. Sie werden von der Justizverwaltung wahrgenommen, in der Beamte auf Lebenszeit arbeiten, die jedoch mit dem Gerichtswesen selbst nichts zu tun haben. Die Justizverwaltung führt nicht die fachliche, sondern die disziplinarrechtliche Dienstaufsicht und ist somit die Beschwerdestelle der Bürger. Bürgerbeschwerden finden Eingang in die Dienstakte und werden sowohl in den Wahlbroschüren als auch in den Parlamentsvorlagen aufgeführt.

Staatsbürgerschaft

Die Staatsbürgerschaft wird durch Geburt oder durch Verleihung erworben.

Für den Erwerb der Staatsbürgerschaft durch Geburt müssen zwei Voraussetzungen erfüllt sein:

- mindestens ein Elternteil muß deutscher Staatsbürger sein
- die Familie hat ihren regelmäßigen Wohnaufenthalt in einem Land des Deutschen Bundes.

Wohnt die Familie in Deutschland, gibt es keine Probleme, auch wenn das Kind während eines Auslandsurlaubes geboren werden sollte. Aber auch ein Ingenieur, der fünf Jahre in Saudi-Arabien arbeitet, dort eine Einheimische heiratet und mit ihr Nachwuchs zeugt, bekommt für diese Kinder die deutsche Staatsbürgerschaft, wenn er glaubhaft versichert, mit diesen Kindern wieder nach Deutschland zurückzukehren.

Die Staatsbürgerschaft verliehen bekommt auf Antrag ohne Wartezeit, wer die Voraussetzung für die deutsche Staatsbürgerschaft durch Geburt erfüllt und seinen dauerhaften Wohnaufenthalt in Deutschland nimmt. Wenn zum Beispiel ein Deutscher nach Paraguay auswandert, dort eine Einheimische heiratet, können seine Kinder, wenn sie nach Deutschland zurückkehren, problemlos die deutsche Staatsangehörigkeit erhalten.

Doppelte oder mehrfache Staatsbürgerschaften sind nicht zulässig. Wer als Inhaber der deutschen Staatsbürgerschaft eine andere Staatsbürgerschaft annimmt, geht der deutschen Staatsbürgerschaft verlustig. Die deutsche Staatsbürgerschaft kann wieder verliehen werden, wenn der Betreffende die neue Staatsbürgerschaft ablegt und erneut seinen dauerhaften Aufenthalt in Deutschland nimmt. Es besteht jedoch kein Anspruch auf die Wiederverleihung der deutschen Staatsbürgerschaft.

Der Lottomillionär, der in die Karibik zieht, und dort, um sich aller deutschen Steuerpflichten zu entledigen, die Staatsbürgerschaft von Trinidad annimmt, muß, sollte er seinen Gewinn verjubelt haben und zwecks Sozialhilfe nach Deutschland zurückkehren wollen, die Wiederaufnahme in die deutsche Staatsbürgerschaft beantragen. Das Reich ist nicht verpflichtet, ihn dann wieder in den alten Status einzusetzen.

Die deutsche Staatsbürgerschaft kann auch durch Einbürgerung erlangt werden. Die Einzelheiten folgen im Kapitel Ausländergesetz.

Ausländergesetz

Das Deutsche Reich ist keine unbetretbare Insel, es wir sich auch nicht über die gesamte Welt erstrecken. Deshalb wird es weiterhin Ausländer geben, insbesondere solche, die das Reich als derart anziehend empfinden, daß sie hier leben und arbeiten wollen.

Das Deutsche Reich wird aber alle Fehler vermeiden, welche die Bundesrepublik Deutschland begangen hat. Das Reich versteht sich als Hüter der deutschen Kultur, der deutschen Nation und des deutschen Volkes. Das Deutsche Reich ist KEIN Einwanderungsland und bestimmt kein multikultureller Staat.

Ein Staat bietet seinen Bewohnern eine Fülle von Leistungen, die von den Menschen für derart selbstverständlich angesehen werden, daß sie diese gar nicht wahrnehmen. Die Straßen, auf denen wir laufen und fahren, müssen gebaut und unterhalten werden. Die Schulen, die unsere Kinder besuchen, kosten Geld. Telefon, Elektrizität, medizinische Versorgung – das alles sind Leistungen, die der Staat seinen Bewohnern zur Verfügung stellt. Der Deutsche hat dafür mit seinen Steuern bezahlt, der Zuwanderer findet das alles bereits vor, ohne dazu beigetragen zu haben.

Wer in Deutschland leben möchte, muß sich Deutschland anpassen. Er kann und darf nicht verlangen, daß sich Deutschland ihm, der Minderheit anpaßt. Das hat nichts mit „völkischen Prinzipien" oder gar der „Reinerhaltung der arischen Rasse" zu tun. Das ist ein ganz einfaches Grundgebot der Höflichkeit. Die folgenden Paragraphen und ihre Kommentierung regeln deshalb Selbstverständlichkeiten, etwas, was eigentlich keiner Regelung bedarf. Aber die sterbende BRD hat leider deutlich gezeigt, daß diese Selbstverständlichkeiten eben doch einer Regelung bedürfen. Nicht der Fremde, der neu in das Land kommt, ist das Maß aller

Dinge, nach denen sich der Staat zu richten hat, sondern der Einheimische; die deutsche Kultur gibt die Leitlinien vor und der Fremde hat sich anzupassen – oder weiterzuziehen.

Siebenbürger Sachsen, Donauschwaben oder Wolgadeutsche waren ebenfalls „Migranten", Zuwanderer auf Wunsch der damaligen Landesherren. Diese Menschen haben ihr Deutschtum in der Fremde beibehalten, aber sich zugleich ihrem neuen Heimatland angepaßt. Sie bildeten eigene Solidargemeinschaften, bewirtschafteten und entwickelten das neue Land. Sie bauten deutsche Schulen und deutsche Kirchen, aber sie waren trotzdem gute Rumänen, Bulgaren oder Russen. Sie trugen zur Kultur der neuen Heimat bei, bereicherten und ergänzten sie, ohne sie nach deutschem Vorbild umzuformen. Sie haben sich in die dortige Gesellschaft integriert.

Umgekehrt sind die Hugenotten und der „polnische Ruhradel" bei uns eingewandert. Die vertriebenen Franzosen und die hart arbeitenden Polen fanden hier eine neue Heimat. Nach einer, längstens zwei Generationen erinnern höchstens Namen wie „Kutzorra" oder „Morawitz" daran, daß deren Vorfahren nicht aus Dortmund oder Nürnberg stammten. Aber sie sind gute Deutsche geworden, haben unsere Kultur bereichert, ohne uns die ihrige aufzudrängen.

Deutschland ist das Zentrum Europas. Nicht geographisch, aber kulturell. Es stand immer zwischen Ost und West, zwischen romanischen und slawischen Völkern. Deutschland war die Begegnungsstätte und das Durchgangsland. Die Verbindung von Skandinavien und Mittelmeer erfolgte nicht über Polen oder Frankreich, sondern über Deutschland. Wir waren zu allen Zeiten bereit, Neues anzunehmen und Fremde zu empfangen. Betrachten wir mehr als tausend Jahre deutscher Geschichte, so wird es zu einer lächerlichen, pseudowissenschaftlichen Idiotie, die Zeit des Dritten Reiches als Ausdruck des deutschen Rassismus' hinzustellen.

Ich möchte noch ein weiteres Bild benutzen. Ich kann einen Blutverlust bis zu einem gewissen Grad durch physiologische Kochsalzlösung ersetzen, also einer preiswerten Mischung aus Wasser und Salz. Zehn Prozent des Blutes lassen sich dadurch ersetzen, doch bei einem größeren Blutverlust hilft nur die Zufuhr von menschlichem Blut. 300.000 Hugenotten unter fünf Millionen Preußen bedeuten eine Ergänzung, keine Überfremdung. Aber wenn nach heutigen Erwartungen in einer „deutschen" Großstadt im Jahr 2010 jeder zweite Bewohner ein Ausländer sein soll, ist die Grenze der Aufnahmefähigkeit weit überschritten. Und wenn bei einer Aufnahme der Türkei in die EU weitere zehn oder fünfzehn Millionen Türken nach Deutschland einwandern, dann haben die Türken jenen „goldenen Apfel" erobert, der ihnen 1529 und 1683 vor Wien verwehrt geblieben war.

1. Ausländer, die in Deutschland ihren ständigen Aufenthalt nehmen wollen, sind zur Integration in die deutsche Gesellschaft verpflichtet. Der deutsche Staat ist berechtigt, die Fortschritte der Integration zu prüfen. Mangelnde Integrationsbemühungen führen zur Ausweisung.

Der technische Fortschritt ermöglicht heute ein Leben in Deutschland, ohne jemals mit der deutschen Sprache konfrontiert zu werden. In Großstädten gibt es türkische, arabische und sonstige Einkaufsläden, an den Kiosken werden fremdsprachige ausländische Zeitungen verkauft (gerne auch mit Regionalausgaben für Deutschland oder gleich als für das hiesige Publikum gegründete Ableger), im Fernsehen läuft das Programm des Heimatlandes über Satellit.

Dies führt jedoch zur Ghetto-Bildung, die nicht im Sinne des deutschen Staates sein kann. Wer in einem türkischen Umfeld leben will, kann das gerne tun, aber in der Türkei. Wer nach Deutschland kommt, um in Deutschland zu bleiben, muß sich ins deutsche Umfeld einbetten, eben in unsere Gesellschaft integrieren. Wer dazu nicht bereit ist, soll dorthin zurückkehren, wo er geistig nie weggezogen ist.

2. Ausländer, die in Deutschland leben, können einmal pro Jahr eine Prüfung des Integrationsfortschrittes beantragen. Diese Zwischenzeugnisse dokumentieren den Fortschritt der Integration. Mit der Ausstellung des Zeugnisses ist eine ausführliche Beratung verbunden, auf welchem Gebiet und mit welchen Maßnahmen sich der Betreffende verbessern kann.

Kriterien der Integration lassen sich leicht festlegen. Ich stelle hier ein einfaches Punktesystem zusammen, das in Grundzügen die Integration von 0 (überhaupt nicht integriert) bis 100 (von einem Deutschen nicht zu unterscheiden) bewertet. Der Integrationsfortschritt muß sich bei diesen Zwischenzeugnissen in einem steigenden Punkteergebnis zeigen.

- Sprachverständnis (0 bis 20 Punkte, Kriterien wie bei anderen Sprachtests)
- Arbeitsplatz (im ausländischen Umfeld: 5 Punkte, bei einer deutschen Firma: 10 Punkte, selbständig: 10 Punkte, selbständig mit ausländischen Angestellten, die keine Familienmitglieder sind: 15 Punkte, selbständig mit deutschen Angestellten: 20 Punkte)
- deutscher Ehepartner (5 Punkte, nach fünf Jahren Ehe: 10 Punkte)
- Schulverhalten der Kinder (0 bis 10 Punkte, Bewertung der Schule)

- persönliches Gespräch (0 bis 20 Punkte. In diesem Gespräch werden Kenntnisse über das Leben in Deutschland abgefragt. Nicht in Form eines Ankreuz-Tests, sondern Alltags-Wissen in lockerer Unterhaltung.)
- persönliches Gespräch (0 bis 20 Punkte. In diesem zweiten Gespräch soll der Kandidat seine Einstellung zu Deutschland darlegen. Es geht dabei ebenso um Moralvorstellungen wie die Wünsche und Absichten, die er in Deutschland hat.)

Natürlich kann man sich auf solche Tests und Gespräche vorbereiten. Allerdings zeigt eben diese Vorbereitung, daß der Kandidat Interesse hat, in Deutschland zu bleiben. Bei den Gesprächen sind zwei Prüfer zugegen, die unabhängig voneinander bis zu zehn Punkte vergeben können. Das Gesamtergebnis setzt sich aus den addierten Einzelergebnissen zusammen.

Den Gesprächen liegen keine festen Fragebögen zu Grunde. Es geht nicht darum, den Beamten durch Ankreuzlisten die Arbeit zu erleichtern, es geht darum, effizient herauszufinden, wie sehr sich der Kandidat darum bemüht, als zukünftiger Deutscher eine neue Heimat zu finden.

3. Eine Aufenthaltsgenehmigung für Ausländer wird nur befristet erteilt, für maximal fünf Jahre. Bei Ablauf dieser Frist erfolgt eine Prüfung des Standes der Integration. Bei mangelndem Integrationswillen und fehlenden Eigenbemühungen erfolgt die Ausweisung und schließlich die Abschiebung. Die Verlängerung ist nur einmal um weitere fünf Jahre möglich, wobei für diese auch das Verhalten des Antragstellers berücksichtigt wird. Erst nach zwei befristeten Aufenthaltsgenehmigungen wird bei erfolgreicher Anpassung an die deutsche Wertegemeinschaft die dauerhafte Aufenthaltsgenehmigung

erteilt und der Betreffende erlangt die Berechtigung, die deutsche Staatsbürgerschaft zu erwerben.

Nach fünf Jahren muß der Proband mindestens 40 Punkte im Integrationstest erreichen, um eine Verlängerung der Aufenthaltsgenehmigung zu bekommen. Der Test kann binnen eines Monats in einer anderen Stadt wiederholt werden. Bei Nichtbestehen erfolgt die Ausweisung. Der Test kann bereits nach drei Jahren erstmalig für die Verlängerung der Aufenthaltsgenehmigung abgelegt werden, ein zu schlechtes Ergebnis bleibt in diesem Fall ohne Konsequenzen. Erreicht der Proband schon nach drei oder vier Jahren die 40 Punkte, wird dieses Ergebnis anerkannt. Nach zehn Jahren muß der Proband mindestens 70 Punkte erreichen.

4. Das Recht auf Asyl ist mit der Pflicht zur Arbeitsleistung verbunden. Die Arbeit soll den Fähigkeiten und der Ausbildung des Asylbewerbers entsprechen. Als Arbeitsentgelt werden Kost, Logis und ein Taschengeld gewährt. Asylbewerber werden vollständig erkennungsdienstlich erfaßt – gespeichert werden Fingerabdrücke, biometrische und genetische Daten.

Asyl bedeutet nicht, einen unbegrenzten Ferienaufenthalt auf Kosten des Fluchtlandes zu verbringen. Wer Angst um Leib und Leben hat, muß in Kauf nehmen, für seinen sicheren Aufenthalt zu arbeiten, nach Maßgabe des Fluchtlandes. Die Unterbringung erfolgt im Regelfall in gesonderten Einrichtungen mit der Verpflichtung, durch eigene Arbeit zum Lebensunterhalt beizutragen, wobei Ledige nach Geschlechtern getrennt in Sammelunterkünften und nur Familien in eigenen Räumen wohnen.

Da sich gerade beim Asylrecht der Mißbrauch eingeschlichen hat, ist das Deutsche Reich berechtigt, zum eigenen Schutz alle Daten zu erfassen. Asylbewerber „unbekannter Herkunft“, die bei der

Einreise ihren Paß „verloren“ haben, verbleiben in den Auffangeinrichtungen, bis ihre Herkunft eindeutig geklärt ist. Das „Taschengeld“ in diesen Durchgangslagern ist nicht großzügig bemessen, es beträgt eine Reichsmark pro Arbeitstag. Davon werden 40 Pfennig pro Tag ausbezahlt, der Rest angespart, als Starthilfe für die Zeit nach der Entscheidung über den Asylantrag. Für Asylbewerber mit bekannter Herkunft sind diese Einrichtungen eine zeitlich befristete Durchgangsstation, welche entweder in die Anerkennung oder in die Abschiebung führt.

Neben der Verpflichtung zur Arbeit besteht die Verpflichtung zum Deutschunterricht. Kinder im schulpflichtigen Alter müssen nicht arbeiten, sie besuchen eine Schule, die in jedem Auffanglager eingerichtet wird. Arbeitsverweigerung und Verweigerung des Unterrichts führen zur Abschiebung.

Die Entscheidung über einen Asylantrag ist endgültig. Rechtsmittel dagegen sind nicht zulässig, insbesondere kein langwieriger Rechtsweg. Für Staaten, in denen es nach Erkenntnissen des Außenministeriums keine Gefahr für Leib und Leben von Angeklagten gibt (also keine Folter oder Todesstrafe), ist ein verkürztes Verfahren zulässig.

5. Anerkannte Asylbewerber erhalten die Arbeitserlaubnis. Besteht der Asylgrund für mehr als drei Jahre, kann der Asylberechtigte eine Prüfung des Integrationsfortschrittes beantragen. Er steht darin einem anderen Zuwanderer gleich.

Anerkannte Asylbewerber (Asylberechtigte) sind anderen Ausländern gleichgestellt, die sich in Deutschland aufhalten. Da ein Asylgrund über viele Jahre bestehen kann, ist es ganz natürlich, wenn ein Asylberechtigter sich darum bemüht, in der Gesellschaft seines Gastlandes integriert zu werden. Weist er im Integrationstest für Ausländer mindestens 40 Integrationspunkte nach, erhält er auf Antrag den Status eines aufenthaltsberechtigten Ausländers, mit der Aussicht auf Daueraufenthalt und Einbürgerung.

Ich gehe nicht davon aus, daß dies die Regel bei Asylberechtigten sein wird. Damit werden jedoch die Härtefälle vermieden, in denen z.B. Vietnamesen, die sich in zwölf Jahren eine Existenz in Deutschland aufgebaut haben, deren Kinder nur Deutsch und kein Vietnamesisch sprechen, schließlich ausgewiesen werden. Wer im Fluchtland Wurzeln geschlagen hat und damit der früheren Heimat entfremdet ist, soll auf diese Weise die Möglichkeit erhalten, in dem Land zu verbleiben, dem er sich längst zugehörig fühlt.

6. Bei Asylberechtigten erlischt die Aufenthaltsgenehmigung, wenn der Grund für die Gewährung des Asyls weggefallen ist. Diese Feststellung trifft die Reichsregierung nach den ihr bekannten Zuständen im Heimatland. Bei Nachweis einer erfolgreichen Integration in Deutschland sind dem vormals Asylberechtigten ein Daueraufenthalt und der Weg zur Staatsbürgerschaft zu ermöglichen.

Der Krieg im Kosovo ist längst beendet, trotzdem leben noch zahlreiche Kosovaren in Deutschland, die vor jenem Krieg zu uns geflohen sind. Ich verstehe durchaus, daß es angenehmer ist, bescheiden in Deutschland zu leben, als sich in der Heimat beim Wiederaufbau anzustrengen. Aber es sind genau diese Leute, die dort beim Wiederaufbau fehlen. Von den wenigen Ausnahmen abgesehen, die sich in Deutschland aktiv um Integration bemüht haben, soll in einem solchen Fall konsequent abgeschoben werden. Es ist auch nicht Aufgabe des deutschen Staates, mit Rückkehrprämien den Neuanfang zu erleichtern. Wenn von Anfang an klare Regelungen existieren, hatten die Asylberechtigten Gelegenheit, eigene Rücklagen anzusparen. Dies kann – in den Auffanglagern – auch vom Staat zwangsweise erfolgen. Eine Ausnahme von der sofortigen Abschiebung nach Wegfall des Asylgrundes kann aus humanitären Gründen beispielsweise durch die Jahreszeit geboten sein. Menschen zu Winteranfang in ein zerstörtes Land zu schicken, ist inhuman. Die wenigen Monate bis zum Anfang des Frühlings sollte das Asyl in diesem Fall verlängert werden. Das darf allerdings nicht dahingehend ausarten, daß Flüchtlinge in der schlechten Jahreszeit wieder nach Deutschland zurückkehren dürfen.

7. Wird ein Ausländer, ein Asylbewerber oder ein Asylberechtigter, dem noch kein Daueraufenthalt erteilt wurde, nach deutschen Gesetzen straffällig, so wird ohne Rücksicht auf die persönlichen Umstände des Betroffenen die Ausweisung verfügt. Eventuelle Haftstrafen sind im Heimatland abzubüßen. Deutsche Gerichte sind angehalten, bei der Bemessung der Strafe die Gesetze des Heimatlandes des Straftäters zu berücksichtigen. Dies gilt auch in jenen Fällen, in welchen die Strafen im Heimatland deutlich höher liegen als nach deutschem Recht.

Bis zur Erteilung des Daueraufenthaltes ist jeder Ausländer in Deutschland ein Fremder, der sich hier bewähren muß. Wer sich in diese Gesellschaft eingliedern will, darf nicht gegen die Regeln dieser Gesellschaft verstoßen. Wer irgendwo zu Besuch ist, und sei es bei seinem besten Freund, benimmt sich anders als zu Hause. Er kann zwar Rücksicht erwarten, indem er nicht genau jene Speisen vorgesetzt bekommt, die er aus religiösen oder Allergiegründen meidet, aber er hat nicht das Recht, an den Kühlschrank zu gehen und diesen beliebig zu plündern.

Wer in einem anderen Land leben möchte, hat sich den Gesetzen dieses Landes anzupassen. Wer gegen diese Gesetze verstößt und straffällig wird, hat damit das Recht auf Aufenthalt verwirkt. Der afrikanische Drogendealer, der gerne als Beispiel hergenommen wird, wird nach diesem Gesetz schnellstens abgeschoben. Die Straftat selbst soll im Heimatland abgeurteilt werden. Dies ist deutlich billiger, als die Straftäter in Deutschland zu inhaftieren. Wer so deutlich zeigt, daß er nicht bereit ist, sich in Deutschland zu integrieren, ist besser im Heimatland aufgehoben, anstatt sich diesem im deutschen Gefängnis noch weiter zu entfremden.

Dies passiert auch in jenen Fällen, in denen Taten im Heimatland mit deutlich härteren Strafen bedroht sind. Wer nach Deutschland kommt, um hier Taten zu begehen, die auch in seinem Heimatland nicht erlaubt sind, soll die Härte des Gesetzes erfahren. Selbstverständlich ist mit einer solchen Abschiebung ein lebenslanges Einreiseverbot nach Deutschland verbunden. Die erkennungsdienstlich erfaßten Daten werden für mindestens 50 Jahre gespeichert. Wird jemand, der mit dauerhaftem Einreiseverbot belegt ist, in Deutschland aufgegriffen, erfolgt die Ausweisung ohne jegliches Verfahren und Einspruchsrecht. Ersttäter erhalten automatisch sechs Wochen Gefängnis, bei jeder Wiederholung verdoppelt sich die Strafe.

8. Im Falle von Kriminalität Minderjähriger oder Jugendlicher müssen die Behörden von mangelnder Integrationsbereitschaft der Erziehungsberechtigten ausgehen. Die Straftäter sind vollständig erkennungsdienstlich zu erfassen, um Wiederholungstäter aufzuspüren. Im ersten Fall werden die Erziehungsberechtigten zu einer intensiven Belehrung vorgeladen. Im zweiten Fall wird der Integrationsstatus der Erzie-

hungsberechtigten herabgestuft. Im dritten Fall erfolgt die Ausweisung der gesamten Familie.

Der „Fall Mehmet“ hat klar gezeigt, daß bei minderjährigen Straftätern sehr früh eingeschritten werden muß, weil sonst ein Verhalten angelernt wird, das später nicht mehr zu korrigieren ist. Dies trifft auch auf „rumänische Kinderbanden“ zu, welche heutzutage in Großstädten ihr Unwesen treiben. An jeder Baustelle stehen Schilder mit der Aufschrift: **Eltern haften für ihre Kinder**. Dies wird mit dieser Bestimmung konkret umgesetzt. Wer mit der deutschen Gesellschaft derart überfordert ist, daß er seine Kinder nicht mehr erziehen kann, ist in diesem Land fehl am Platz. In solchen Fällen ist es nicht nur für Deutschland, sondern auch für die betreffenden Familien besser, sie in die vertraute Umgebung des Heimatlandes zurückzuführen. Auch in diesem Fall werden die erhobenen Daten für mindestens 50 Jahre aufbewahrt.

Kinder werden zwar nicht mit dauerhaftem Einreiseverbot belegt, sollten sie jedoch als Erwachsene nach Deutschland zurückkehren und erneut auffällig werden, erfolgt die sofortige Ausweisung mit dauerhaftem Einreiseverbot.

9. Ein Familiennachzug ist nur in Ausnahmefällen und bei positiver Integration möglich. Er bedarf in jedem Fall der behördlichen Genehmigung.

Gerade bei Türken ist es sehr beliebt, männliche Nachkommen mit Ehefrauen aus Anatolien zu vermählen, um die „schädlichen Einflüsse“ der deutschen Gesellschaft aus der Familie fernzuhalten. Durch dieses Verhalten wird das Integrationsgebot aktiv unterlaufen. Deshalb soll der Familiennachzug die Ausnahme bleiben. Wer Anatolien so sehr liebt, daß er in seiner Familie anatolische Verhältnisse haben möchte, darf das – wenn er in Anatolien lebt. Wenn ein gesamter Sozialverband aus Frauen, Kindern, Eltern, Großeltern, Onkeln, Tanten, Nichten und Neffen, kurz gesagt, die gesamte Sippe, nach Deutschland einwandert, bildet sich ein geschlossener Kern, der jegliche Integrationsversuche erschwert. Wenn wir das weiterhin zulassen, holen wir uns nur vermeidbare soziale Probleme ins Land.

Ausnahmen können zum Beispiel für pflegebedürftige Eltern gewährt werden, aber nur, wenn der Betreffende eine gute Integrationsprognose hat. Wer selbst nicht in Deutschland angekommen ist, soll seine Eltern besser in der vertrauten Heimat pflegen.

10. Ehen mit einem deutschen Partner berechtigen nur zu einem befristeten Aufenthalt. Der ausländische Partner muß wie jeder andere Ausländer seinen Integrationsfortschritt nachweisen. Die Behörden dürfen in diesem Fall die eheliche Gemeinschaft nachprüfen. Anzeichen für Scheinehen zur Erschleichung des Aufenthaltes führen zur Auflösung der Ehe und zur Ausweisung des Ehepartners.

Sozialämter prüfen bei Beziehern von Arbeitslosengeld 2 gerne nach, ob diese in einer „eheähnlichen Gemeinschaft" leben. Wenn das heute deutschen Staatsbürgern zumutbar ist, dürfen solche Prüfungen auch bei „Mischehen" vorgenommen werden, jedoch mit umgekehrten Vorzeichen. Eine Scheinehe, die nur auf dem Papier besteht, darf deshalb nicht mehr zur Aufenthaltsberechtigung in Deutschland führen. Wer eine deutsche Frau heiratet, kommt zwar weiterhin nach Deutschland hinein, aber er muß sich in Deutschland bewähren. Verstöße gegen das Strafrecht, mangelnde Integrationsbereitschaft und Anzeichen für eine Scheinehe führen zur Ausweisung und zur Auflösung der Ehe.

11. Sozialleistungen sind Solidarleistungen des deutschen Volkes für deutsche Mitbürger. Ein Anspruch auf derartige Leistungen für Zuwanderer ohne deutsche Staatsbürgerschaft besteht nicht. Ausnahmen können im Einzelfall bei guter Integrationsprognose bewilligt werden. Wird ein ausländischer Staatsbürger in Deutschland arbeitslos, so steht ihm Arbeitslosengeld in gleicher Höhe wie einem Deutschen zu. Auf Wunsch wird die gesamte Anwartschaft in einem Betrag ausbezahlt, als Starthilfe für die Rückkehr in die Heimat.

Nicht einmal das Deutsche Reich kann zum Wohlfahrtsinstitut der ganzen Welt werden. Wer nach Deutschland einwandert, um hier von Kindergeld und Sozialhilfe zu leben, belastet eine Solidargemeinschaft, zu der er selbst nichts beigetragen hat. Deshalb dürfen derartige Zahlungen erst fließen, wenn eine dauerhafte Aufenthaltserlaubnis erteilt wurde. Kindergeld wurde eingeführt, um deutschen Familien bei der Erziehung des Nachwuchses zu helfen. Es ist nicht sinnvoll, damit Ausländer zu fördern, die in Deutschland nur zeitweise leben. Der Verlust des Arbeitsplatzes führt so schließlich zum Verlust der Aufenthaltserlaubnis. Wenn ein ausländischer Arbeitnehmer sich durch eigene Einzahlungen einen Anspruch auf Arbeitslosengeld erworben hat, steht ihm dieses auch zu. Es ist aber in jedem Fall sinnvoller, dieses Geld für die Rückgliederung ins Heimatland zu verwenden, anstatt wie heute eine dauerhafte Arbeitslosigkeit in Deutschland zu finanzieren.

12. Im Deutschen Reich herrscht Religionsfreiheit. Diese schließt jedoch nicht die Abhaltung von Gottesdiensten in fremder Sprache ein. Feststehende Teile der Liturgie (Gebete, Gesänge, etc.) können in einer fremden Sprache angehalten werden. Wechselnde Teile des Gottesdienstes (Lesung, Evangelium, Predigt) müssen jedoch in deutscher Sprache vorge-

tragen werden. Sollte ein Gastprediger der deutschen Sprache nicht mächtig sein, hat die Gemeinde für eine sinngemäße Übersetzung zu sorgen.

Als Vorbild dient hierbei die lateinische Messe. Ursprünglich war Latein für die katholische Kirche die Sprache der Liturgie, Deutsch die Sprache für die Unterweisung der Gläubigen. Wenn Suren des Korans nach den Vorschriften des Islam auf Arabisch vorgetragen werden müssen, ist das genauso zulässig, wie Texte der Tora auf Hebräisch. Russisch- oder griechisch-orthodoxe Messen dürfen ebenfalls den liturgischen Teil in der entsprechenden Sprache abhalten. Ansprachen an die Gläubigen müssen jedoch auf Deutsch erfolgen. So wird zum einen den Haßpredigern auf Türkisch oder Arabisch ein Riegel vorgeschoben, zum anderen wird in diese Gemeinden das „Prinzip Deutsch" hineingetragen. Die Alltags- und Umgangssprache in Deutschland ist Deutsch, nicht Türkisch, Albanisch, Russisch oder Englisch.

Auch in christlichen Kirchen treten Gastprediger auf, welche die Landessprache nicht beherrschen. Solche Predigten müssen von der Gemeinde übersetzt werden. Diese Übersetzung darf durchaus sinngemäß und zusammenfassend erfolgen, niemand ist verpflichtet, einen ausgebildeten Simultan-Dolmetscher anzuheuern. Entscheidend ist das Prinzip Deutsch, das auch in einer Moschee beachtet werden muß.

Sonderregelung für Beitrittsländer

Ab dem Zeitpunkt, an dem ein Land einen Beitrittsvertrag mit dem deutschen Bund abschließt, erhalten seine Staatsbürger einen Bonus von zehn Integrationspunkten für ihren Aufenthalt im Deutschen Reich. Der Zugang soll nur erleichtert werden, jedoch ich es für sinnvoller, die Angleichung an den Deutschen Bund im Heimatland zu vollziehen.

Mit dem Beitrittsvertrag fällt jeder Grund weg, Bürgern des Beitrittslandes Asyl im Deutschen Reich zu gewähren. Das gewährte Asyl wird deshalb in ein Aufenthaltsrecht umgewandelt.

Im Regelfall nach zehn Jahren nach Abschluß des Beitrittsvertrages wird den Bürgern eines Beitrittslandes der unbeschränkte Aufenthalt im Deutschen Reich gewährt.

Um die Integration eines Beitrittslandes zu fördern, können Staatsbürger mit Daueraufenthaltsrecht im Deutschen Reich oder in Deutschland eingebürgerte ehemalige Staatsbürger Rückkehrprämien in ihre frühere Heimat erhalten. Über die Höhe entscheidet die Reichsregierung.

Sollte ein Land den Deutschen Bund verlassen, so steht es seinen Bürgern frei, die deutsche Staatsbürgerschaft zu behalten oder die wieder auflebende Staatsbürgerschaft ihres Heimatlandes anzunehmen. Doppelte Staatsbürgerschaften sind nicht zulässig. Bei einer Rückgabe der deutschen Staatsbürgerschaft sollen die Behörden das dauernde Aufenthaltsrecht im Reich gewähren, es sei denn, es gibt schwerwiegende Gründe dagegen.

Staatsreligion

In früheren Zeiten waren Staat und Kirche eine enge Verbindung eingegangen. Wer dem Stammesherzog Widukind in den Kampf folgte, verehrte den Stammesgott Donar. Staatsvolk und Gläubige der Staatsreligion waren deckungsgleich.

In christlichen Zeiten gab es eine überstaatliche Kirche, die trotzdem ein inspirierendes Glaubensgerüst für die Allgemeinheit bildete. Den Wert einer Staatskirche entdeckte Heinrich VIII. von England durch Zufall; ursprünglich wollte er damit nur seine Bettgeschichten legitimieren. Der Protestantismus eröffnete es den Staaten Europas, eine lokale Staatskirche einzuführen, ohne einen überstaatlichen Einfluß aus Rom in Kauf zu nehmen.

Preußen ist nie als „christliche Macht" aufgetreten, versuchte auch nicht, im Namen seiner Staatskirche zu missionieren, doch ohne den Protestantismus ist Preußen nicht zu beschreiben. Die preußischen Tugenden sind protestantische Tugenden.

Die enge Verbindung von Staat und Kirche wurde erst durch die Freimaurer zerstört. Die Freimaurer-Gründung USA verstand sich als weltlicher Staat, der keinerlei Religion bevorzugt. Das ging übrigens so weit, daß sich der erste katholische Präsident der USA, John F. Kennedy, fragen lassen mußte, wem denn nun seine Loyalität gelte: den USA oder dem Papst. Das hielt die USA jedoch nicht davon ab, sich als „God's own Country" zu bezeichnen und auf ihre Geldscheine „In God We Trust" zu drucken.

Ohne dieses Preußentum wurde die heutige evangelische Kirche zu einem Hort der Progressivität und damit der Beliebigkeit. Die evangelische Kirche ist heute so modern, daß ein Pastor aus dem Jahr 1900 sie für blanke Ketzerei halten würde. Der katholischen

Kirche geht es nicht viel besser, auch wenn sie dank ihrer Größe träger reagiert.

Im heutigen Deutschland gibt es die Religion praktisch im Supermarkt. Katholik oder Protestant, was soll's? Muslim oder Buddhist? Na und? Warum nicht Atheist oder Esoteriker? Scientologe, Urchrist, Neuapostoliker, Moon-Anhänger... Jeder glaube, was er für richtig hält. Mein Nachbar ist ohnehin mein Feind... Es gibt keine Gemeinschaft mehr, mangels Gemeinsamkeiten. Teile und herrsche, heißt es, folglich ist ein kleinteiliges gemeinschaftsloses Volk ein gut beherrschbares Volk.

Bei der Bundeswehr gibt es den Begriff der „inneren Führung"; diese beiden Worte beschreiben das am besten, was eine Staatsreligion leistet. Die Staatsreligion gibt dem einzelnen Bürger einen inneren Halt, ein Orientierungssystem für anständiges Verhalten.

Ich schreibe hier keinen neuen Katechismus, stelle auch keine Glaubensregeln auf, denn die Glaubensregeln gibt es bereits, sie bedürfen nur einer Reformation. Der preußische Protestantismus mit seinen gottesfürchtigen Tugenden gibt uns einen guten Ausgangspunkt.

Natürlich könnte man darüber nachdenken, eine Art „germanischer Kirche" einzuführen, mit einem Wotan-Kult. Dieser Kult müßte jedoch völlig neu eingeführt werden, er hat keinerlei Verankerung in der Bevölkerung. Das Christentum ist jedoch in den Köpfen vieler Deutscher vorhanden. Die christliche Ethik ist die Ethik des Abendlandes, das Bezugssystem, in dem wir aufgewachsen sind.

Die Religion gab zu allen Zeiten dem Leben Sinn und den Lebenden Zusammenhalt. Ohne Religion lebt der Mensch in einem Vakuum, das mit neuem Gedankengut ausgefüllt wird, sei es ein aggressiver Nationalismus, seien es die Lehren des Kommunismus' oder eben ein defätistischer Schuldkult, der uns heute aufgezwungen wird. Religion inspiriert, motiviert zu höchsten Leistungen – oder sie wird zum Gedankengefängnis, erzwingt sinnleere Handlungen, das unablässige Aufsagen von Glaubensbekenntnissen.

Ein erneuerter deutscher Staat wird einer erneuerten deutschen Staatsreligion bedürfen. Eine weltliche Religion wird niemals die spirituelle Geborgenheit einer göttlichen Religion bieten, dazu ist sie nicht fähig. In den USA haben die Fernsehprediger zahlreiche Anhänger, die sie mit ein bißchen Spiritualität finanziell ausbeuten. Nach dem Ende des Kommunismus erlebte die orthodoxe Kirche eine Wiederauferstehung. In einstmals verweltlichten Staaten wurde der Islam eine mächtige, oft sogar bestimmende Kraft.

Was wir nicht mehr benötigen, ist eine Amtskirche, die sich als Machtinstrument zur Niederhaltung der Untertanen versteht. Die Priester sind Seelsorger, im besten Sinne des Wortes. Der Staat muß sich zu seiner Religion bekennen, zu der Kirche, die er für seine Bürger als die Richtige ansieht. Nur diese Staatsreligion genießt staatliche Förderung und Unterstützung. Andere Religionen werden toleriert, doch Toleranz bedeutet nicht, daß sie ebenfalls gefördert werden. Wenn eine Gemeinde eine muslimische Moschee, einen buddhistischen Tempel oder eine jüdische Synagoge bauen möchte, kann sie dies tun – solange sie diese aus eigenen finanziellen Mitteln unterhält. Der Staat gewährt bestenfalls eine beschränkte Steuerabzugsfähigkeit.

In früheren Zeiten hat die Kirche durch Vererbung Land und Geld angehäuft. Natürlich ist es besonders leicht, Menschen auf dem Sterbebett einzureden, sich mittels ihrer Hinterlassenschaft in den Himmel einzukaufen. Um dies im Ansatz zu verhindern, darf eine kirchliche Gemeinschaft nur in begrenztem Umfang erben. Dies gilt auch für die Staatskirche. Die beschränkte Steuerabzugsfähigkeit verhindert, daß eine Glaubensgemeinschaft zur Geldwäsche mißbraucht wird. Die millionenschwere Sekte, die ihrem Gründer ein luxuriöses Leben ermöglicht, hat in Deutschland nichts zu suchen.

Die deutsche Staatsreligion ist ein reformiertes Christentum, das nicht der Unterdrückung, sondern der Befreiung der Menschen dient. Ein Christentum jenseits von Papst und Luther, das die Bedürfnisse des Menschen nach „religio" befriedet, nach Rückverbindung zum Göttlichen.

Früher hat sich die ganze Dorfgemeinschaft in der Kirche versammelt, das schuf und stärkte die Gemeinschaft. Wer nicht den Gottesdienst besucht hat, gehörte nicht dazu. Der schöne Satz, wonach Religion bloßes „Opium fürs Volk" sei, richtete sich direkt gegen diese Gemeinschaft. Wer aus der Gemeinschaft gerissen wurde, war entwurzelt und damit leichter lenkbar.

Die Auflösung der religiösen Bindungen schwächt ein Volk und nimmt ihm den inneren Zusammenhalt. Wer ohne inneres ethisches System aufwächst, führt jeden grausamen Befehl aus, der ihm gegeben wird. Es ist richtig, daß viele Verbrechen im Namen der Religion begangen wurden, aber wer die Kriege im 20. Jahrhundert betrachtet, stellt fest, daß gerade religionsferne Staaten noch größere Kriegsverbrechen begangen haben.

Deshalb braucht ein neues deutsches Reich auch eine erneuerte Staatsreligion. An der Spitze dieser Staatsreligion steht der Kaiser, nicht als oberster Priester, sondern wie der englische König als Oberhaupt der Kirche, der die Bischöfe und Funktionäre der Staatskirche ernennt.

Beamte

Für Beamte, als Hoheitsträger des Staates, gilt: So viele wie nötig, so wenige wie möglich. Die Übernahme ins Beamtenverhältnis stellt im Gegensatz zu heute eine Auszeichnung dar. Beamte oder Beamte auf Zeit werden

- Angehörige des Militärs
- Angehörige der Exekutiv-Organe, also Polizei und Bundesgrenzschutz
- Bedienstete der Reichsbank und der Reichssparkassen
- Angehörige der Finanz- und Reichsvermögensverwaltung sowie der Rechnungshöfe

Das Berufsbeamtentum bleibt das Rückgrat der Verwaltung. Da das Berufsethos des alten preußischen Beamten heute nicht mehr selbstverständlich ist, müssen Kontrolleinrichtungen das ersetzen, was früher die Beamtenehre geleistet hatte.

<u>Überwachung der Behörden</u>

Jeder Rechnungshof eines Bundeslandes benennt alle zwei Jahre vier Revisoren. Unter Führung eines Beamten des Reichsrechnungshofes bekommen diese Revisoren ein Bundesland zugelost. Die Revisoren erhalten vom Reichsrechnungshof verschiedene Behörden zugewiesen, die sie in ihrem Bundesland für jeweils sechs Wochen einer Außenprüfung unterziehen. Sie erhalten Einsicht in alle Akten und können beschwerdeführende Bürger vorladen, um so deren Beschwerden nachzugehen.

Die Revisoren können Disziplinarmaßnahmen verhängen, sowohl als Strafe, als auch als Belohnung. Die Revisoren erstellen nach ihrer Außenprüfung in vier Wochen einen Revisionsbericht, in dem auch Kritik an Gesetzen und Vorschriften geübt werden darf. Der Revisionsbericht geht an die geprüfte Behörde, an den Landesrechnungshof des geprüften Bundeslandes und an den Reichsrechnungshof. Die Rechnungshöfe leiten die Kritik der Revisoren an Gesetzen und Vorschriften an den zuständigen Ausschuß der Parlamente und an die Regierungen weiter.

Der Beamte des Reichsrechnungshofes führt den Vorsitz der Revisorengruppe, ansonsten besitzt er die gleichen Rechte wie die anderen Revisoren. Revisoren dürfen erst nach acht Jahren eine weitere Amtsperiode als Revisoren antreten.

Amtshaftung

Abweichend von der bisherigen Praxis sind Führungskräfte und in Ämter gewählte Personen bei schuldhaftem oder grob fahrlässigem Verhalten persönlich haftbar. Dies gilt explizit für Beamte, Abgeordnete, Oberbürgermeister, Landräte, Gaupräsidenten, Ministerpräsidenten, den Reichskanzler und allen Ministern oder Referenten. Ein Verhalten gilt vor allem dann als grob fahrlässig, wenn nach Bekanntwerden eines Mißstandes nicht unverzüglich Abhilfe geschaffen wird.

Wenn der unsägliche Außenminister Fischer vor dem Untersuchungsausschuß frech aussagen konnte: „Ich bin schuld“, ohne daß dieses Folgen hatte, zeigt das eindeutig einen gesetzlichen Mißstand auf.

Mit dieser Amtshaftung ist aber auch die Schadensersatzpflicht des Meldenden verbunden, um grundlose Anschuldigungen und behördliche Ermittlungen zu vermeiden. Es gibt leider notorische Querulanten, die ständig die Behörden auf Trab halten. Um dem vorzubeugen, wird auch der Anzeigende in die Pflicht genommen, für den Wahrheitsgehalt seiner Vorwürfe zu haften.

Führungspositionen

Anders als heute werden Führungspositionen in Behörden nicht dauerhaft vergeben. Der Behördenleiter wird für fünf Jahre berufen und wird danach begutachtet. Dabei werden Schulnoten erteilt, respektive Texte von Zuschriften in Schulnoten umgerechnet. Zu gleichen Teilen fließen in die Endnote ein:

- die Leistungsbeurteilung durch die Vorgesetzten
- eine Tätigkeitsbewertung durch die Untergebenen
- eine Auswertung der Zuschriften / Beschwerden der Bürger

Nur wenn eine Note von 3,0 oder besser erzielt wurde, verbleibt der Beamte die fünf Jahre bis zur nächsten Beurteilung in seiner Führungsposition. Diese Beurteilung darf jeder Bürger gegen eine geringe Gebühr (maximal eine Reichsmark) zur Einsicht anfordern, beschwerdeführende Bürger erhalten sie ohne Anforderung und kostenlos.

Bei einer Note schlechter als 3,0, aber besser als 3,5 wird der Beamte um eine Gehaltsstufe zurückversetzt, er verbleibt für ein weiteres Jahr kommissarisch im Amt, dann wird er erneut geprüft. Erreicht er bei dieser Beurteilung nicht mindestens die Note 2,5, so wird er mit einer Beförderungssperre von fünf Jahren zurückgestuft und nach Möglichkeit versetzt.

Eine Note von 5,0 oder schlechter in der Bürgerbeurteilung kann nicht durch andere Bewertungen ausgeglichen werden und führt zur Rückstufung.

Beamtenbeleidigung und Bürgerbeleidigung

Es gibt im Strafrecht den besonderen Fall der „Beamtenbeleidigung“, die nach rechtlicher Auffassung nicht der beleidigten Person gegenüber gilt, sondern dem Amtsträger und damit dem Staat, der durch diesen Amtsträger vertreten wird. Deshalb werden Bürger, welche Polizisten, die nachts um drei Uhr vor einer Schule eine Radarmessung durchführen, als „Raubritter“ beschimpfen, härter bestraft, als jene, die einen Tankwart nach der neuesten Benzinpreiserhöhung damit titulieren.

Dies ist ein Relikt des alten Obrigkeitsstaates, der so dafür sorgen wollte, daß seinen Amtspersonen ein besonderer Respekt entgegengebracht wurde.

Eine wahrhaftige Demokratie erfordert, daß diesen Bestimmungen die vergleichbar zu ahndende „Bürgerbeleidigung“ gegenübergestellt wird, nach welcher Amtsträger, die dem Bürger als Souverän des Staates gegenüber ausfällig werden, ebenfalls mit heftigeren Strafen zu rechnen haben.

Unfreundlichkeit, Befehlston und ruppiger Umgang mit dem Bürger sind keine angestammten Vorrechte eines Beamten. Der Beamte ist der Diener des Staates und damit auch des Staatsvolkes. Ob Polizist oder Staatsanwalt, wer sich im Ton vergreift, muß die Konsequenzen tragen, sei es straf- oder disziplinarrechtlich.

Nebenbei bemerkt: Wenn bestimmte Beamte häufiger beleidigt werden als ihre Kollegen, sollten deren Vorgesetzte von sich aus tätig werden und prüfen, inwiefern ein Fehlverhalten des Betroffenen für diese Beleidigungen verantwortlich ist.

Staatsaufgaben

Die Aufgaben des Staates sind relativ leicht zu definieren. Man muß nur beim Alten Fritz nachschlagen – und begreifen, warum er als Friedrich der Große in die Geschichte eingegangen ist. Eigentlich ist dieser Artikel banal, jeder Sechstkläßler sollte das alles kennen, was ich hier aufführe. Allerdings hatten wir bis 2005 einen Außenminister, bei dem noch immer unklar ist, ob er die sechste Klasse überhaupt geschafft hat. Doch auch bei anderen BRD-Politikern, die laut Lebenslauf sogar legale und selbsterarbeitete Doktortitel tragen, scheint die Erinnerung an die Grundlagen der Sozialkunde (bzw. Staatsbürgerkunde) derart verblaßt zu sein, daß eine Auffrischung dringend erforderlich ist.

Da es in diesem Buch um Konzepte für die Stunde Null geht, zum erfolgreichen Aufbau des neuen Deutschen Reiches, möchte ich hier diese Punkte aufführen, damit keiner übersehen wird. Die Beispiele der Gegenwart zeigen, was passiert, wenn diese Banalitäten nicht beachtet werden. Die Probleme des neuen Reiches müssen nach diesen Prinzipien gelöst werden, um die Fehler der heutigen Zeit für immer zu vermeiden.

Gemeinnutz geht vor Eigennutz

Dem Volk geht es nur dann gut, wenn es der großen Mehrheit des Volkes gut geht. Wenn der Reichtum bei einigen Wenigen angehäuft wird, können diese Wenigen zwar den Politikern gut dotierte Beraterverträge für wenig Arbeit bieten, was durchaus zu deren persönlichem Nutzen beiträgt, aber trotzdem ein Zeichen absolut miserabler Regierungsarbeit ist. Ein echtes Vorzeigebeispiel ist Altkanzler Gerhard Schröder, der Deutschland in den wirtschaftlichen Niedergang führte, die Arbeitslosen mit Hartz IV beschränkte und selbst gut bezahlter Gashandelsvertreter, Bankagent und Verlagsvertriebsleiter wurde.

Es war ebenfalls keine Glanzleistung deutscher Politik, daß ein Oskar Lafontaine, der Kurzzeitfinanzminister, den wenigen Großkonzernen mit Steuererleichterungen die Kassen füllte, den vielen Rentnern hingegen mit einer unsinnigen Reform die Kassen leerte.

Es gibt jedoch ein paar kleine Einschränkungen bei dieser Regel. Niemand ist verpflichtet, sich für andere Menschen aufzuarbeiten. Wenn die 80 Millionen Deutschen sich für 350 Millionen sonstige Europäer kaputt arbeiten, mag das zwar einen großen Gemeinnutzen darstellen, doch im Endeffekt werden weder Europa noch Deutschland etwas davon haben.

Gemeinnutz ist der Nutzen für das eigene Gemeinwesen, für das eigene Volk. Anderen Völkern helfen ist eine Sache, anderen Völkern unablässig Tribute und Sklavendienste zu leisten, ist Selbstausbeutung. Nichts in der Geschichte und keinerlei moralischer Anspruch begründet eine mehr als 60jährige Totalausbeutung eines ganzen Volkes.

Eine Währung, die 300 Millionen Europäern nützt, aber 80 Millionen Deutschen schadet, fällt ebenfalls darunter. Ähnlich eine Verfassung, die kein Deutscher haben will, aber angeblich „Europa" nutzt. Wir brauchen auch nicht sechs Millionen Israelis Unterseeboote schenken, mit Geld, das wir zuvor zwölf Millionen deutschen Arbeitslosen und Sozialhilfeempfängern weggenommen haben. Und unter 300 Millionen Amerikanern finden sich viel mehr Leute, die am Hindukusch die Demokratie einführen können, als unter den 80 Millionen Deutschen.

Wenn wir heutige „Dokumentationen" über die jüngere Geschichte im Fernsehen verfolgen, lernen wir vor allem eines: Gemein sind immer die Deutschen. Deshalb ist im neuen Deutschen Recih alles gut und richtig, was den Gemeinen nutzt, also den Deutschen. Und zwar möglichst vielen Deutschen, wenn möglich, allen Deutschen. Eigen hingegen sind die Leute, über die namentlich im Fernsehen berichtet wird. Diese Eigenartigen sollen sich selber nutzen, den Gemeinen darf man deshalb nichts abnehmen. Ich glaube, das versteht sogar ein gewesener Außenminister.

Um es in einem Satz zusammenzufassen: Ziel jeder staatlichen Maßnahme muß immer das Wohl der größtmöglichen Zahl deutscher Bürger sein. Diesem Wohl hat sich im Zweifelsfall das Wohl des Einzelnen unterzuordnen.

Jeder soll nach seiner Fasson selig werden

Jeder weiß selbst am besten, was er werden und erreichen will. Wer seine eigenen Ziele verfolgt, arbeitet gern und motiviert. Wer hingegen seine Ziele und Mittel vorgegeben bekommt, leistet zumindest inneren Widerstand und erreicht deshalb weniger. Es nützt nichts, den Leuten vorzudenken und vorzuschreiben, wie sie zu leben haben. Der eigene Antrieb ist durch nichts zu ersetzen.

Das letzte große, weltweit praktizierte Erziehungsexperiment liegt in den letzten Zügen. Es ist nicht gelungen, den „Sowjetmenschen" zu schaffen, den „sozialistischen Menschen" oder noch anspruchsvoller „den neuen Menschen". Umerziehung in Form von Gehirnwäsche mag bei einzelnen Menschen gelungen sein, aber bei ganzen Völkern war und ist sie nirgendwo erfolgreich gewesen, weder in der Sowjetunion, noch in der DDR, noch in China. Auch Hitlerdeutschland hat es nicht vermocht, den „nationalsozialistischen Menschen" zu erschaffen, was sicher nicht an der zu kurzen Zeit gelegen hat.

Das Streben des Einzelnen nach Glück und Entfaltung muß sich jedoch dem Allgemeinwohl unterordnen. Niemand soll sich zum Herrn seiner Mitmenschen erheben, denn die eigene Freiheit muß da enden, wo sie die Freiheit eines Anderen einschränkt. Wenn der Staat zu sehr lenken will, ziehen sich die Menschen zurück ins Privatleben. Geht es nicht in der Öffentlichkeit, wird das eigene Glück zu Hause ausgelebt. Der DDR-Bürger, der im Betrieb nur stumpfsinnig das erfüllte, was der Staat ihm vorgab, wurde zu Hause, in seiner geliebten „Datsche" zu einem findigen Meister der Improvisation.

Nicht die Partei hat immer recht und unfehlbar ist höchstens der Papst. Was für Sie das Beste ist, wissen Sie besser als ich. Deshalb soll sich ein guter Musiker um seine Musik kümmern, auch wenn der Staat noch so viele Ingenieure brauchen sollte. Ein Zwang zur Unterordnung dient niemals dem Allgemeinwohl, denn Zwang erweckt Gegenkräfte. Ein drittklassiger, nach Staatsvorgaben erzwungener Ingenieur schadet, wo ein erstklassiger Musiker inspiriert und motiviert hätte.

Wer als Moslem nach den Gesetzen des Islam leben möchte, darf dies gerne tun. Er darf aber nicht verlangen, daß sich sein gesamtes Umfeld islamisch ausrichtet. Weder müssen Kreuze abgehängt werden, noch Kirchen aufhören, ihre Glocken zu läuten. Nicht der Imam bestimmt, was in der Schule gelehrt wird, sondern der Staat. Wer sich verschleiern oder einen Judenstern anheften möchte, mag das tun, aber er hat nicht das Recht, desgleichen von seinen Mitmenschen zu verlangen.

Der Staat und jeder Arbeitgeber hat jedoch das Recht, Bekleidungsvorschriften für seine Beamte und seine Angestellten zu erlassen. Wer privat Kopftuch oder Kippa tragen möchte, darf dies nach Belieben tun. Am Arbeitsplatz haben aufdringliche Symbole mit religiösem Bezug jedoch nichts zu suchen. Ausschließlich der Staatsreligion, als Gemeinschaft stiftender Einrichtung, können hier begrenzte Vorrechte zugestanden werden.

Gleiches Recht für alle

Vor Gericht zählen weder die Prominenz noch die Vermögensverhältnisse des Angeklagten, sondern allein dessen Taten und Motive. Vor dem Gesetz sind alle gleich, es gibt keine Ausnahmen und Privilegien.

Fahren Sie sturzbetrunken einen Menschen zu Tode, dann kann dies das Ende Ihrer Karriere bedeuten. Es sei denn, Sie heißen Otto Wiesheu, dann dürfen Sie nicht nur Minister in Bayern bleiben, nein, Sie steigen sogar noch zum wesentlich besser bezahlten Vorstand der Deutschen Bahn auf. Werden Sie zugekokst erwischt, wie sie sich mit den Sklavenmädchen osteuropäischer Menschenhändler vergnügen, landen Sie im Gefängnis. Heißen Sie hingegen Michel Friedmann, bezahlen Sie eine geringe Strafe, kehren nach ein paar Monaten auf die Fernsehbildschirme zurück und dürfen wieder im Brustton der persönlichen Integrität anderen Menschen Vorhaltungen über deren lasterhafte Moral machen.

Wenn ein Beamter eine Flasche Wein annimmt, kann das zu einem Verfahren wegen Bestechlichkeit führen. Wenn ein Abgeordneter bei einem Beratervertrag 300.000 Euro ohne erkennbare Gegenleistung einsteckt, ist das völlig in Ordnung. Ein Johannes Rau durfte unbestraft seine Landesbank als private Fluglinie nutzen, eine Rita Süßmuth aus nichtigen „Dienstgründen“ auf Staatskosten in die Schweiz fliegen und ihre Tochter besuchen.

Gleiches Recht bedeutet Rechtssicherheit für alle. Im Wettbewerb soll der Bessere gewinnen, nicht derjenige mit den besseren Parteiverbindungen. Gleiches Recht bedeutet auch und insbesondere

Gerechtigkeit. Gleiches Recht bedeutet Verzicht auf und Bekämpfung von Korruption, denn bei dieser zählte das Geld und nicht das Recht.

Gleiches Recht bedeutet auch gleiche Chancen, unabhängig von Geschlecht, Alter oder Herkunft. Gleiches Recht bedeutet Wettbewerb, Entwicklung und stete Verbesserung. Nur ein gesicherter, allgemein gültiger Rechtsrahmen sorgt für die Entfaltung der Wirtschaft und des Individuums. Recht, nicht Privilegien, begründet eine Gesellschaft, bildet das Fundament eines Staates. Kodifiziertes, nachschlagbares Recht wird als eine der Grundlagen aller Zivilisation betrachtet.

Vorher diesem allgemeinen und nachvollziehbaren Recht gab es nur das Recht des Stärkeren und die Willkür der Mächtigen. Wenn dies in einer Demokratie Einzug hält, dann hat die Demokratie aufgehört zu existieren.

Volksvertreter erfüllen den Willen des Volkes

Wer in ein Parlament einzieht, tut dies, um den Willen des Volkes zu erfüllen. Er oder sie wurde nicht in das Mandat gewählt, um darin schrankenlos die eigenen Interessen auszuleben und bei allen Festivitäten als Ehrengast begrüßt zu werden, sondern um für das Wohl des Volkes nach dem Willen des Volkes zu regieren.

Kein Mensch in Deutschland wollte den Euro, kein Mensch in Deutschland wollte die EU-Verfassung. Das war allen Abgeordneten bekannt, trotzdem haben sich diese Damen und Herren angemaßt, gegen den Willen des Volkes zu entscheiden, also gegen den Willen des Souveräns dieses Landes. Ein Staubsaugervertreter, der in dieser Weise seine Firma schädigt, wird zum Schadenersatz verurteilt und rausgeworfen. Der Ehrentitel eines Abgeordneten ist „Volksvertreter“, nicht „Volksverräter“, folglich hat er die Interessen des Volkes und damit seiner Wähler zu vertreten und sie nicht zu Gunsten der Vorstellungen seiner Parteioberen zu verraten..

Dabei gibt es durchaus Fälle, in dem Gesetze gegen den Willen des Volkes verabschiedet werden müssen. Allerdings gilt in diesem Fall die Regel ganz oben: Das Allgemeinwohl geht vor Eigennutz. Sind solche Gesetze für das Allgemeinwohl erforderlich, dann dürfen diese Gesetze durchaus dem momentanen Volkswillen widersprechen, denn sie ordnen sich dem obersten Volkswillen unter, der Förderung des Allgemeinwohls.

Der Euro hat dem Volk mehr gekostet als genutzt, seine Einführung war ein eindeutiger Verstoß gegen den erklärten Willen des Volkes und gegen das oberste Prinzip, die Verfolgung des Allgemeinwohls. Dabei wäre es so einfach gewesen, dem Euro zu entgehen: Bei einer ehrlichen Buchführung hätte Deutschland die Maastricht-Kriterien nicht erfüllt und wäre nicht in den Euro-Verbund aufgenommen worden. Das wäre geschickte Staatsführung gewesen. Jeder Winkeladvokat hätte das herausgefunden, aber unsere Damen und Herren Abgeordneten natürlich nicht.

Gemäß der reinen Lehre folgt der Abgeordnete nur seinem Gewissen. Das wird gerne so ausgelegt, als sei er in seinem Mandat an keinerlei Weisungen von außen gebunden. Dies aber so zu deuten, daß der Abgeordnete völlig frei in seinen Entscheidungen sei, ist völliger Unsinn. Nicht umsonst wird hier der Begriff „Gewissen“ benutzt, im Sinne von „nach bestem Wissen und Gewissen“. Wo aber muß der Abgeordnete auf sein Gewissen hören? Er begeht schließlich keine Verbrechen, zumindest in der Theorie. Das Gewissen, von dem hier die Rede ist, bedeutet nichts anderes, als die Orientierung am Wohl des Landes und des Volkes. Jeder Abgeordnete weiß, was ihm dieses Gewissen vorschreibt, dem er sich unterordnen soll: Es ist nichts anderes, als der Willen des Volkes, eben das, was das Volk selbst für sich für gut befindet.

Jeder Abgeordnete ist ausschließlich dem Wohl des Volkes verpflichtet. Deshalb kann im Deutschen Reich jeder Abgeordnete vor jede Gemeindeversammlung gerufen werden, um dort Rechenschaft abzulegen. Der Abgeordnete kann nicht wiedergewählt werden, deshalb ist er weder seinem Mandat noch seiner Partei gegenüber verpflichtet. Es gibt keinen Fraktionsvorsitzenden, der befiehlt, wie im Sinne der Partei abzustimmen sei.

Der Abgeordnete hat eine Vorbildfunktion, deshalb wird er für Korruption und Vorteilsnahme härter bestraft als jeder Andere. Das Gewissen des Abgeordneten ist das Volk, das ihn zur Ordnung rufen kann und rufen wird.

So viele Vorschriften wie nötig, soviel Freiheit wie möglich

Jede Vorschrift ist eine Einschränkung und eine Behinderung. Deshalb sind Vorschriften und gesetzliche Regelungen nur da erforderlich, wo sie zur Förderung des Allgemeinwohls und dem Schutz des Einzelnen erforderlich sind. Vorschriften und Gesetze haben ein Verfalldatum und müssen regelmäßig überprüft werden, ob sie noch sinnvoll sind. Einfache Vorschriften sind immer besser als komplizierte.

Wenn das deutsche Steuerrecht 80% der Weltliteratur über Steuervorschriften füllt, dann ist das ein erbärmliches Zeugnis über die Leistungsfähigkeit deutscher Regierungen. Eine effiziente und überschaubare Steuergesetzgebung gab es zuletzt im Deutschen Kaiserreich. Die Regierungen der Weimarer Republik und alle Kanzler von Adenauer bis Merkel haben immer nur hinzugefügt und kaum einmal weggeschnitten. Selbst Parlamentarier fänden es verrückt, wenn auf dem elektrischen Triebkopf eines ICE plötzlich ein Heizer mitfahren soll, aber alle finden es völlig in Ordnung, Steuergesetze aus der Zeit der Dampflokomotiven weiterhin zu befolgen.

Das Steuerrecht ist nur das offensichtlichste Symptom einer wildgewordenen Bürokratie. Wir haben in Deutschland eine unglaubliche Menge von Gesetzen und Vorschriften angesammelt, die längst nicht mehr regeln und steuern, sondern nur noch behindern und lähmen. Jeder Kanzler verspricht gebetsmühlenartig einen Abbau der Bürokratie und Reformen. Wobei der vorletzte bereits einschränkte, nicht alles anders machen zu wollen. Das ist ihm gelungen, nur der Teil mit dem „vieles besser machen" fiel schließlich der „ruhigen Hand" zum Opfer. Die letzte, noch amtierende Kanzlerin, will sich selbst auf kleine Schritte beschränken. Kleine Schritte bedeuten jedoch den Ausbau der Bürokratie. Ihre Ministerialbürokratie hat sie bereits erfolgreich und kostenträchtig erweitert.

Wenn ein Abgeordneter seine Erfolge aufzählen möchte, dann berichtet er, an wie vielen Gesetzesvorlagen er mitgewirkt, wie viele parlamentarische Anfragen er gestellt und bei welchen „großen Entscheidungen" er mitgestimmt hat. (Vermutlich sagt er „mitgewirkt", aber das brauchen Sie ihm nicht zu glauben, woher sollte ausgerechnet Ihr Abgeordneter verstanden haben, um was es bei dieser „großen Entscheidung" überhaupt gegangen ist?) Kein einziger Abgeordneter rühmt sich damit, wie viele Vorschriften er abgeschafft, wie viele Gesetze er verhindert hat.

Der Paragraph 1 der Straßenverkehrsordnung heißt sinngemäß: Ein jeder hat sich im Straßenverkehr so zu verhalten, daß er andere weder behindert noch schädigt. Damit ist alles ausgesagt! Der Rest der Straßenverkehrsordnung ist eigentlich überflüssig. Doch da der Gesetzgeber den Bürgern nicht zutraut, mit ihrer Freiheit umzugehen, wird daraus ein Buch, das von Juristen kommentiert und schließlich von Anwälten und Gerichten ausgelegt wird.

Die Freiheit des Einzelnen wird nicht zuletzt deshalb von Vorschriften so stark eingeschränkt, weil jene, die diese Vorschriften erlassen haben, von sich selbst ausgehen. Wer selbst weder Anstand noch Ehre besitzt, will alles regeln, was sonst Anstand und Ehre vorgeben. Jedes Gesetz ist ein Ausdruck des mangelnden Vertrauens in den Bürger. Deshalb haben wir in Deutschland diese unglaubliche Menge nutzloser Paragraphen.

Gedanken und Meinungsäußerungen sind frei

Die Gedankenfreiheit zählt zu den höchsten Staatsgütern überhaupt. Denkverbote sind immer ein Zeichen von Schwäche und wecken genau jene Gedanken, die man eigentlich unterdrücken möchte. Alles, was durch Verbote geschützt werden muß, wirkt unglaubhaft.

Das prominenteste Denkverbot in Deutschland ist der berühmte Paragraph 130, der „Auschwitzleugnung" als „Volksverhetzung" mit Strafe bedroht. Vor Gericht werden alle Beweisanträge von „Auschwitzleugnern" wegen „Offenkundigkeit der geschichtlichen Tatsachen" abgelehnt. Das erinnert derart an den Prozeß der Inquisition gegen Galilei, daß schon allein die von staatlicher Seite aufgebotene schwere Artillerie die Frage nährt, ob hier nicht etwas vertuscht werden soll.

Erkenntnisse und Entwicklungen basieren auf klarer Datenlage. Wenn in Kriminalstatistiken verschleiert wird, welche Volkszugehörigkeit die Täter besitzen, dann ist das falsch verstandenes Gutmenschentum. Jedes Kaufhaus sammelt alle Daten, die es bekommen kann, schlüsselt diese auf und wirbt auf dieser Basis ganz gezielt Kunden. Durch Verzicht auf die Daten, welche Ausländergruppen in Deutschland welche Straftaten überproportional begehen, verzichten wir auf gezielte Prävention und den Schutz der Bevölkerung.

Staatliche Sprachregelungen behindern immer die Entfaltung. Gedankenverbote sind Denkverbote und Denkverbote haben immer nur geschadet. Beim Jahrestag der DDR 1989 haben die Massen Honecker noch zugejubelt, die sozialistische Rhetorik vollendet ausgeschöpft, nur Wochen später brach sein Staat zusammen, der alles regeln und die Sprache beherrschen wollte. Der Gedanke des Konfuzius, einen Staat über die Sprachregelung zu beherrschen, mag bestechend klingen, aber er hat in der Praxis versagt. Unterdrückte Ideen sammeln Energie und gewinnen an Macht, bis sie schließlich die Barrieren beseitigen. Frei fließende Gedanken sind weitaus weniger gefährlich als unterdrückte Gedanken. Wer Gedanken und Meinungen unterdrückt, unterminiert damit die Fundamente des Staatswesens.

Beamte sind Diener des Staates

Beamte sind dazu da, die Vorgaben und Vorschriften des Staates zum Wohl der Bürger umzusetzen. Beamte sind nicht Herren des Staates, sie sind auch nicht die Vorgesetzten der Bürger, sondern nur eines der Mittel, die der Staat zum Zweck seines Funktionierens bedarf.

Die Verwaltung des Staates wurde in Deutschland immer weiter ausgeweitet, mit dem Ergebnis, daß diese Verwaltung zum großen Teil Selbstzweck geworden ist. Der ach so streng reglementierte Obrigkeitsstaat des Deutschen Kaiserreiches kam bei 63 Millionen Einwohnern mit 600.000 Beamten aus. Die ach so freiheitlich-demokratische Bundesrepublik Deutschland benötigte demnach 800.000 Beamte, um gleich restriktiv vorgehen zu können, wie damals der Kaiser. Zu Kaisers Zeiten gab es keine Computer, alles mußte „von Hand“ getan werden. Es gab keine Faxgeräte, dafür aktenschleppende Büroboten. Dank der Effizienz-Steigerung, die in den letzten hundert Jahren erfolgt ist, sollte man eher weniger Beamte erwarten als diese 800.000. Statt dessen haben wir aber fünfmal so viele, nämlich vier Millionen Beamte.

Anwachsende Verwaltungen und ausufernde Bürokratien sind ein klares Zeichen eines Staatswesens, das sein Verfallsdatum erreicht hat. So viele Vorschriften wie nötig bedeutet auch, soviel Verwaltung wie nötig. Beamte sind für Staat und Volk ein Kostenfaktor. Viele Beamte bedeuten hohe Kosten für den Steuerzahler. Gerade hier wirkt Wildwuchs progressiv, sich selbst immer weiter verstärkend. Beamte lesen, entgegen der Volksmeinung, während ihrer Dienststunden weder Zeitung, noch halten sie einen Büroschlaf, sondern sie arbeiten tatsächlich. Alle Beamten sind beschäftigt, wenn auch nicht effizient. Die eine Behörde arbeitet der anderen zu, eine dritte prüft und alle zusammen überhäufen den Bürger mit den Ergebnissen dieser Arbeit, was weitere Kosten und Verdruß beim Bürger erzeugt.

Auch deshalb werden die Steuererklärungen immer umfangreicher, müssen immer mehr Menschen immer mehr Formulare ausfüllen. Selbst Effizienzgewinne durch Elektronik werden dadurch aufgefressen, denn diese weckt neue Begehrlichkeiten, nach noch mehr Verwaltungsakten, um die zeitweise freigesetzten Beamten wieder zu beschäftigen. Stellen Sie in der BRD einen Bauantrag, und Sie lernen Behörden kennen, deren Existenz Sie bisher nicht einmal geahnt haben! Zahlreiche Formulare, umfangreiche Anträge, immer neue Genehmigungen werden erforderlich. Die Beamten sind beschäftigt – Sie aber auch!

Wird die Bürokratie reduziert, reduzieren sich auch die Beamten. Im Deutschen Reich darf ein Beamter Abgeordneter werden – dann aber nicht mehr Beamter bleiben. Regierende Beamte wird es nicht geben und erst recht keine Beförderung nach Parteibuch.

Die zukünftigen Beamten sind wieder die Diener dieses Staates – und der Staat ist für seine Bürger da, nicht für fremde Interessen. Die Vorschriften des Staates sind nicht Selbstzweck, sie dienen nicht dazu, Beamte in Lohn und Brot zu halten, sie sollen das Leben der Bürger erleichtern und das Wohl des Landes fördern.

<u>Maß halten!</u>

Maß halten bedeutet, sich der eigenen Möglichkeiten und Größe bewußt zu sein. Deutschland kann nicht den Zahlmeister für ganz Europa abgeben, die Kriege Israels bezahlen, Truppen am Hindukusch und Horn von Afrika unterhalten, französische Großbauern subventionieren und alle (Wirtschafts-)Flüchtlinge der Welt bei sich aufnehmen.

Maß halten bedeutet, sich der eigenen Grenzen bewußt zu sein. Das Märchen vom „wirtschaftlichen Riesen“ hat man uns lange genug eingeredet. „Mehr Verantwortung übernehmen“ war zeitweise richtig, aber jetzt gehört es zur politischen Verantwortung, sich zu groß gewordene Schuhe wieder auszuziehen. Ein Deutschland, das im wirtschaftlichen Würgegriff des Euro steckt, das dank politischer Fehler von Ausländern übervölkert ist (schon offiziell fast 20% der Wohnbevölkerung), dessen Kommunen überschuldet und bei dem mindestens acht von 16 Bundesländern Sanierungsfälle sind, muß sich auf sich selbst besinnen, anstatt sich in Abenteuer jenseits der deutschen Grenzen zu stürzen.

Das erforderliche Maß im Auge zu behalten bezieht sich auf alle vorher aufgeführten Punkte. Wer das erforderliche Maß beachtet, der setzt das Allgemeinwohl über den Eigennutz, der erlaubt jedem, nach eigener Fasson selig zu werden, bei dem gilt gleiches Recht für alle, dessen Volksvertreter erfüllen den Willen des Volkes, der begrenzt Vorschriften und gewährt Freiheiten, läßt Gedanken und freie Meinungsäußerungen zu und dessen Beamte sind die Diener des Staates, nicht dessen Geißel.

Das rechte Maß zu halten, sich nicht größer zu machen, als man ist, wird so zur höchsten Tugend der Staatskunst. Das rechte Maß bedingt die Anwendung der Vernunft und das Absetzen der Parteibrille. Sobald die Politiker das Maß verlieren, ihre Selbstbeschränkung aufgeben, wird der Staat überfordert und geschädigt.

Maß halten ist eine Tugend, nicht nur für den Staat, sondern auch für Betriebe und Familien. Wenn das rechte Maß gehalten wird, stecken nicht Manager das 200-fache Gehalt ihrer Angestellten ein und der Familienvater fährt kein Auto mit drei Litern Hubraum, wenn das Einkommen nur für einen Kleinwagen ausreicht.

Einkommensteuer

Je nach Quelle erscheinen zwei Drittel bis neun Zehntel der weltweit veröffentlichten Steuer-Fachliteratur in deutscher Sprache. Das ist so, weil das deutsche Steuerrecht unübersichtlicher und komplexer aufgebaut ist, als alles, was die restlichen sechs Milliarden Menschen zustande gebracht haben. Leider ist das deutsche Steuerrecht nicht exportierbar, sondern im Gegenteil, ein Wettbewerbshindernis.

Der Staat braucht Geld, um seine Aufgaben zu erfüllen, das ist unbestritten. Aber der Staat braucht nicht Hunderte von Bagatellsteuern und Tausende von Ausnahmeregelungen. Wenn der Staat fördern möchte, soll er direkt Geld geben, anstatt Steuererleichterungen, von denen die Besserverdiener weitaus mehr profitieren als die „kleinen" Leute.

Je komplizierter das Steuersystem aufgebaut ist, desto ineffizienter wird es. Es gibt niemanden, der das Steuerdickicht der BRD vollständig überblickt, kein Finanzbeamter, kein Steuerberater und erst recht kein Politiker. Es gab einmal den Vorschlag, der „Einkommensteuer auf dem Bierdeckel", die werbewirksam publiziert wurde, um dann aus den Meldungen zu verschwinden. Eine einfache Steuer würde nämlich Politikern zu viele Einflußmöglichkeiten entziehen, weil niemand Ausnahmeregelung leichtfertig beschließen würde.

Der so oft propagierte „schlanke Staat" ist ein kostengünstiger Staat. Ein Staat, der Freiheiten gewährt, entfesselt Kreativität und Schaffenskraft, ein Staat der alles regelt, würgt beides ab. Eines muß jedoch immer beachtet werden: Steuerkonzepte regeln die Einnahmeseite, doch was noch weit mehr im Argen liegt, ist die Ausgabenseite, die jede Partei durch unsinnige Wahlgeschenke übermäßig aufgebläht hat. Erst wenn beides erfolgreich geregelt wird, ergibt eine Steuerreform einen Sinn.

Das neue Deutsche Reich benötigt ein Steuersystem, das ganz einfach aufgebaut ist und den Begehrlichkeiten von Parteien, Regierungen und Abgeordneten entzogen ist:

1.) Privatleute können grundsätzlich nichts von der Steuer absetzen.

2.) Die Steuern richten sich nach dem amerikanischen Modell der „tax brackets“ (Angaben in Reichsmark, 1 RM = 5 bis 8 Euro):

Von Betrag	bis Betrag	Steuern in Prozent	Beispiele
0	3.000	0	2.700 p.a. / 225 p.m. 0 / 0%
3.001	6.000	15	4.800 p.a. / 400 p.m. 270 / 5,6%
6.001	12.000	25	9.600 p.a. / 800 p.m. 1.350 / 14%
12.001	24.000	35	21.000 p.a. / 1.750 p.m. 5.700 / 27%
24.001	unbegrenzt	45	30.000 p.a. / 2.500 p.m. 8.850 / 30%

Um eine Zahl herauszugreifen: Wer 400 Reichsmark brutto pro Monat verdient (also je nach Umrechnungsfaktor 2.000 bis 3.200 Euro), bezahlt im Jahr 270 Reichsmark Einkommensteuer – effektiv 5,6%. 250 Reichsmark pro Monat sind steuerfrei, auf die restlichen 150 Reichsmark entfallen 15% Steuern – also 22,50 Reichsmark (bzw. 112,50 / 180,00 Euro) pro Monat.

3.) Bisher gibt es die größte Entlastung für die Eheschließung, nämlich das Ehegattensplitting. Das fördert die doppelten Einkommen ohne Kinder, weil Kinder steuerlich deutlich weniger gefördert werden. Für Kinder gibt es Freibeträge, welche Großverdienern mehr nutzen als Geringverdienern. Ein zusätzlicher Freibetrag von 3.000 Reichsmark bringt dem Geringverdiener mit 2.700 Reichsmark Jahreseinkommen gar nichts, der Großverdiener mit 50.000 Reichsmark hingegen spart 1.350 Reichsmark Steuern pro Jahr.

Deshalb gibt es keine gemeinsame Veranlagung mehr. Jeder Ehepartner wird einzeln veranlagt, damit ist die Ehefrau eines Briefträgers steuerlich so wertvoll wie die Ehefrau eines Fabrikdirektors. Zum Ausgleich gibt es jedoch eine Steuergutschrift von 600 Reichsmark für jedes weitere Haushaltsmitglied.

Bezahlt die Familie weniger Steuern, als ihr gutgeschrieben wird, bekommt sie die Differenz als staatliche Förderung ausbezahlt.

Das heißt, die Ehefrau, die beiden Kinder und die Großmutter bringen einen Steuerabzug von 1.200 Reichsmark ein. Liegt die Rente der Großmutter unter 3.000 Reichsmark pro Jahr, dann bezahlt unser Beispiel mit 4.800 Reichsmark Jahreseinkommen nicht etwa 279 Reichsmark Steuern, sondern er erhält einen Familienzuschuß von 930 Reichmark ausbezahlt. Dafür gibt es kein Kindergeld und das Reich spart sich die Heimpflege alter Leute.

Weitere Beispiele hierzu (wobei die Reichsmark mit fünf Euro umgerechnet wird):

Georg, gut bezahlter Alleinverdiener, verheiratet, zwei Kinder, Großmutter lebt im Haushalt

Jahreseinkommen Georg:	12.000 Reichsmark (60.000 Euro)
Jahresrente Großmutter:	1.800 Reichsmark (9.000 Euro)
Steuern Georg:	1.950 Reichsmark
Steuern Großmutter:	0 Reichsmark
Steuererstattung:	1.200 Reichsmark
Effektiv gezahlte Steuer:	750 Reichsmark, 6,25%

Herbert, schlechter bezahlter Alleinverdiener, verheiratet, zwei Kinder, Großmutter lebt im Haushalt

Jahreseinkommen Herbert:	6.000 Reichsmark (30.000 Euro)
Jahresrente Großmutter:	1.800 Reichsmark (9.000 Euro)
Steuern Herbert:	450 Reichsmark
Steuern Großmutter:	0 Reichsmark
Steuererstattung:	1.200 Reichsmark
Effektiv gezahlte Steuer:	- 750 Reichsmark

Das heißt, die Familie von Herbert erhält pro Monat 62,50 Reichsmark Unterstützung durch den Staat.

Nach dem alten System hätte Herbert dank Ehegattensplitting keine Steuern bezahlt, aber auch keinerlei Erstattung erhalten. Er hätte also 750 Reichsmark / 3.750 Euro weniger zur Verfügung. Georg hingegen hätte seine Steuern dank Ehegattensplitting und Kinderfreibeträgen auf 850 Reichsmark senken können, die Großmutter wäre nicht berücksichtigt worden. Dabei schlagen die

Kinder mit gerade einmal 50 Reichsmark zu Buche, während die Heirat allein 1.050 Reichsmark Steuervorteil einbringt.

Dieses neue Steuersystem begünstigt also Kinder und Großfamilien, in denen die Großeltern die Kinder betreuen und ihrerseits von den Eltern betreut werden.

Das Reich erhebt keine „Raubsteuer", in dem Sinn, daß fünf Reichsmark mehr Einkommen das gesamte Einkommen der höheren Steuersumme unterwerfen. Wer 10.000 Reichsmark verdient, versteuert die ersten 3.000 Mark mit Steuersatz 0%, die nächsten 3.000 Mark mit Steuersatz 15% und nur die letzten 4.000 Mark mit 25%.

Im folgenden möchte ich die Besteuerung eines wirklichen Großverdieners betrachten, der ein Einkommen von 50.000 Reichsmark (250.000 Euro) bezieht:

Einkommens-anteil	Steuer-anteil	Darauf erhobener Steuerbetrag	Effektiver Gesamt-Steuersatz	Steuer-summe
Unterste 3.000 RM	0%	0 RM	0%	
die nächsten 3.000 RM	15%	450 RM	7,5%	(450)
die nächsten 6.000 RM	25%	1.500 RM	16,25%	(1.950)
die nächsten 12.000 RM	35%	4.200 RM	25,625%	(6.150)
die obersten 26.000 RM	45%	11.700 RM	35,7%	17.850 RM

Diese Steuern werden wirklich bezahlt, es gibt keine Freibeträge für „steuersparende" Eigentumswohnungen, für Schiffe, die in Korea gebaut werden, oder für in Hollywood produzierte Blut- und Zerstörungsorgien.

Dieses Steuergesetz bedarf jedoch noch einer Ergänzung:

4.) Das bisherige Steuersystem ist optimal für Beamte, also für Leute, die immer gleiche oder langsam steigende Einkommen beziehen. Menschen, die ihren Arbeitsplatz verlieren und dafür eine Abfindung erhalten, werden dafür auch noch mit hohen Steuern bestraft. Dem wirkt ein Vortrag ins nächste Jahr entgegen. Der Steuerzahler versteuert sein Einkommen in dem Jahr zur Gänze, wie gehabt. Jedoch kann er bis zu 50% seines Einkommens ins nächste Jahr verlagern und so eine Rückzahlung erhalten.

Reguläres Einkommen in diesem Jahr	6.000 RM	Steuern hierauf	450 RM
Abfindung, 1/2 Jahresgehalt	3.000 RM	Gesamtsteuern auf 9.000 RM	1.200 RM
Einkommen im Folgejahr (60% Arbeitslosengeld)	3.600 RM	Steuern hierauf	90 RM
Vortrag aus diesem Jahr (optimiert)	2.700 RM		
Gesamteinkommen Folgejahr somit	6.300 RM	Darauf an Steuern zu zahlen	525 RM
		Steuererstattung nach Vortrag	150 RM

Die Abfindung muß zur Gänze in der höheren Steuerklasse versteuert werden. In das folgende Jahr kann der Arbeiter jedoch bis zu 50% seines Einkommens übertragen. Damit erhöht sich zwar seine Steuerlast in diesem neuen Jahr, sie verringert sich jedoch im vorherigen Jahr.

Optimal ist es, in beiden Jahren gleich viel verdient zu haben, also alter Verdienst + Abfindung + Arbeitslosengeld = 12.600 Reichsmark. Dieses Einkommen wird auf zwei Jahre verteilt, dazu werden 2.700 Mark ins zweite Jahr übertragen. Jetzt müßte der Arbeiter zweimal 525 Mark Steuern bezahlen. Da er jedoch im Vorjahr schon 1.200 Mark bezahlt hat, erhält er statt dessen eine Erstattung von 150 Mark. Außerdem muß er auf sein Arbeitslosengeld keine 90 Mark Steuern entrichten, sein Gesamtgewinn durch diese Regelung steigt folglich auf 240 Mark.

Der Steuerzahler kann von seinem rechnerischen Einkommen von 6.300 Reichsmark bei Bedarf wieder die Hälfte ins nächste Jahr übertragen, was bedeutet, daß er von den rechnerisch bezahlten 525 Mark Steuern eine weitere Erstattung erhalten kann.

Ein Einkommensrücktrag ist nicht möglich, sondern nur ein Einkommensvortrag. Nur der, dessen Einkommen stark gesunken ist, profitiert von dieser Regelung. Zudem muß zuerst die Steuer gezahlt werden, die Erstattung ist immer nachschüssig. Der Betrag läßt sich ohne Mühe im Kopf ausrechnen: Sinkt das Einkommen gegenüber dem Vorjahr, werden beide Jahreseinkommen addiert und durch zwei geteilt. Die Differenz zwischen dem Vorjahreseinkommen und dem errechneten Betrag wird in die aktuelle Steuererklärung als Vortrag übernommen, für die optimale Steuererstattung. Da bis zu 50% des Vorjahreseinkommens übertragen werden können, funktioniert die Formel auch dann, wenn im Folgejahr überhaupt keine Einkünfte erzielt wurden.

Steuern bei Wohnsitz im Ausland

Natürliche und juristische Personen, die ihren Sitz im Ausland haben, können zwischen zwei Steuermodellen wählen: Zum einen können sie ihre Einkünfte zur Gänze im Inland versteuern und sind damit einem Inländer gleichgestellt. Dabei müssen alle Einkünfte aus allen Quellen in Deutschland versteuert werden.

Alternativ kann der Steuerpflichtige die Abgeltungssteuer wählen. Dies bedeutet, daß sämtliche Einkünfte in Deutschland pauschal mit der Höchststeuer von 45% belegt werden. Diese Abgeltungssteuer wird auch bei Betriebsveräußerungen erhoben.

Das Steuerformular

Mit dem hier vorgestellten Formular kommen wir dem einstigen Schlagwort von der „Steuererklärung auf dem Bierdeckel" schon sehr nahe. Bei Vermietung und Verpachtung gibt es keine Abschreibung mehr, auch nicht für Arbeitszimmer und Arbeitsmittel. Die so beliebten Werbungskosten stecken im Grundfreibetrag, anstatt die Spitzensteuer zu mindern. Außerdem fehlen Zinsen und Kapitaleinkünfte, weil im Deutschen Reich Zinsen verboten sind.

Bei selbständiger Arbeit wird das dafür nötige Formular umfangreicher. Hier können Abschreibungen und Betriebsausgaben geltend gemacht werden, doch auch dabei nur bis zum Einkommen Null. Verluste sind nicht absetzbar.

Dieses Steuersystem dient der Mehrheit der Bevölkerung. Das Formular kann von praktisch jedem innerhalb einer Minute ausgefüllt werden und ist für den Steuerzahler nachvollziehbar. Der Verband der Steuerberater wird darüber nicht glücklich sein, aber Betriebe jeglicher Art bleiben seinen Mitgliedern als Kunden erhalten.

(1) Einkünfte aus nichtselbständiger Arbeit (laut Lohnsteuerkarte bzw. Rentenbescheid)	
(2) Einkünfte aus Vermögen, Vermietung und Verpachtung (laut Anlage VVV)	
(3) Einkünfte aus selbständiger Arbeit oder Gewerbebetrieb (laut Anlage GEW)	
(4) Einkommen aus dem Ausland (laut Anlage AUS)	
(5) Einkommensvortrag aus dem Vorjahr	
(6) Gesamte zu versteuernde Einkünfte (Summe 1-5)	
(7) Ermittelte Steuerlast (vom Finanzamt einzutragen)	
(8) Steuerabschlag für ..... Haushaltsmitglieder	
(9) Steuerrückerstattung aus dem Vorjahr	
(10) Festgesetzte Jahressteuer (negative Beträge werden ausgezahlt)	

Ist das Formular einfach genug?

Der normale Steuerzahler füllt die Zeilen (1), (6) und (8) aus, bei stark gesunkenem Einkommen noch die Zeile (5). Als Nachweis genügt die Lohnsteuerkarte oder der Rentenbescheid, das war schon alles. Das Finanzamt füllt die Felder (7), (9) und (10) aus.

Ja, es gibt Anlagen für dieses Formular, für Vermögende und Vermieter, für Selbständige und für Leute, die über Einkünfte aus dem Ausland verfügen. Dies betrifft zwar eine stattliche Anzahl Steuerzahler, aber eben nicht die Mehrheit.

Im Deutschen Reich herrscht Zinsverbot, deshalb beschränken sich Einkünfte aus Vermögen auf Unternehmensbeteiligungen, entweder direkt oder in Form von Aktien. Soweit diese Aktien bei der Sparkasse gehalten werden (die einzig erlaubte Form von Banken), stellt diese die Bescheinigung VVV direkt aus, was dem Steuerzahler erlaubt, die bescheinigte Summe einfach zu übertragen. Dies dürfte den größten Teil derjenigen abdecken, die eine Erklärung VVV abgeben müssen.

Wie gerecht ist dieses Konzept?

Lieb gewonnene Steuersparmodelle wie Abschreibung auf Immobilien usw. fehlen, weil diese Modelle nur dazu gedient haben, dem Staat Steuern zu entreißen. Profitiert haben davon oft genug nicht die Anleger, sondern nur die Vertreiber jener Modelle. Draufgezahlt hat jedoch immer der Steuerzahler; mithin haben die „Kleinverdiener" die Steuerersparnisse der „Großverdiener" finanziert. Dies alles fällt weg. Wenn der Staat weiterhin den Wohnungsbau fördern möchte, dann soll er das direkt tun, entweder mit Zuschüssen oder mit verbilligten Darlehen.

Nachtarbeits- und Feiertagszuschläge sind hier nicht enthalten, ebensowenig Pendlerpauschalen, Werbungskosten-Pauschbeträge und Sonderausgaben. Vielleicht müssen Sonderausgaben und außergewöhnliche Belastungen noch eingefügt werden, alles andere hingegen fehlt mit Absicht. Solche Zuschläge gehören nicht in die Obhut des Staates, sondern in die Regelungsmacht der Betriebe. Dafür wird es den Betrieben gestattet, solche Beträge steuerfrei auszuzahlen. Dies bezieht sich auch auf Arbeitsmittel, wie z.B. ein Computer. In der Lohnsteuerkarte gibt es eine Spalte für „Steuerfreie Zahlungen“, in der diese Beträge aufgeführt werden. In der Steuererklärung hingegen haben sie nichts zu suchen.

Wir reden hier über Steuern, nicht über Arbeitsförderung oder staatliche Vermögensbildung. Deshalb behandelt dieses Konzept ausschließlich Steuern, und es folgt der Maxime, so wenige Vorschriften wie möglich zu benutzen. Es ist nicht Sinn und Zweck dieses Konzeptes, Gerechtigkeit für jeden denkbaren Einzelfall festzuschreiben, sondern ein Instrument zu formulieren, das 90-95% der Bevölkerung das Leben erleichtert und dem Staat seine Steuereinnahmen sichert.

Erbschaftssteuer

Viele Leute verbringen ihr Leben damit, Vermögen aufzuhäufen – und am Ende dieses Lebens wollen sie dieses Vermögen an ihre Nachkommen vererben. Dieser Wunsch ist durchaus legitim, aber er weckt auch die Begehrlichkeit des Staates, von diesem Erbe einen größeren Teil in die eigene Kasse umzuleiten.

Hierbei gibt es zwei sich widersprechende Argumente. Zum einen haben die Erblasser für ihren Besitz hart gearbeitet (hoffe ich jedenfalls), deshalb sollten sie die Früchte ihrer Arbeit auch ihren Nachkommen überlassen dürfen. Zum anderen haben eben diese Nachkommen gar nichts für diesen Besitz getan. Der eine erbt nicht mehr als ein paar alte Möbel für den Sperrmüll, der andere bekommt Millionen in den Schoß geworfen, muß nie mehr in seinem Leben einen Finger rühren.

Ist das gerecht?

Wenn „Oma ihr klein Häuschen" an die Enkel fällt, ohne daß der Staat seinen Anteil an der Beute fordert, halte ich das für gerecht. Aber wenn hundert Millionen an jemanden fallen, der von Beruf nie etwas anderes war als der Sohn reicher Eltern, dann soll dieser Sohn davon an die Gemeinschaft bezahlen, auch wenn das heißt, daß er sich statt einer 30-Meter-Yacht nur eine 20-Meter-Yacht zulegen kann.

Es gibt jedoch noch andere Aspekte bei der Vererbung, und diese möchte ich an einigen Beispielen wie den Bernauer-Hof darstellen. Die Familie Bernauer kann nachweisen, daß im 15. Jahrhundert ein Treugott Bernauer ein Stück Wald gerodet und Felder angelegt hat, als Hintersasse der Grafen von Greifenstein. Dieser Treugott hat den Hof seinem Sohn hinterlassen, dieser wiederum seinem Sohn und so fort, bis heute Gustav Bernauer den Hof bewirtschaftet – zusammen mit seinem Sohn Martin, der ihn einmal erben wird.

Dann wäre da Otto Feinschnitt, seines Zeichens Zigarettenfabrikant (sein Vater hat dieses Wort zeitlebens mit „C“ geschrieben). Er hat sein Vermögen angehäuft, indem er seine Arbeiter kurz gehalten hat, also nur die absolut unumgänglichen Löhne bezahlte. Seine „Sargnägel“ hingegen hat er nach allen Regeln der Kunst aromatisiert, also mit suchtfördernden Zusätzen versehen, und natürlich intensiv beworben. Millionen Raucher verdanken ihm ihren Lungenkrebs. Sein Sohn, Jan Philip Feinschnitt, hat die Fabrik sofort verkauft. Er mußte nie in seinem Leben auch nur einen produktiven Handschlag leisten und vertreibt sich die Zeit damit, das Andenken Verstorbener in bilderreichen Ausstellungen zu verunglimpfen.

Dann wäre da noch Fedora Bodinskaja. Sie hat Herrn Friedrich Graupner die letzten 15 Jahre aufopfernd gepflegt, folglich hat Herr Graupner sie in seinem Testament großzügig bedacht. Luise Bechtold-Graupner, die leibliche Tochter, hat ihren Vater vor 20 Jahren das letzte Mal besucht, aber jetzt ist sie natürlich da und klagt gegen das Testament. Gut, sie erhält nur ihren Pflichtteil, aber das ist nach Abzug der Steuern immer noch mehr, als Frau Bodinskaja ausgezahlt bekommt.

Es gibt in Deutschland eine relativ vernünftige Regelung der Erbfolge, die einerseits dem Erblasser zugesteht, das Erbe selbst zu regeln, zum anderen durch Pflichtteile daran hindert, seine eigene Nachkommenschaft aus einer Laune heraus zu enterben. Auch die Ränge in der Erbfolge – Kinder, Enkel, Eltern, Geschwister, Onkel, Tanten... hat sich durchaus bewährt.

Die Besteuerung hingegen muß besser geregelt werden.

Das leichtere Problem ist die Frau Bodinskaja. Hier schlägt der Gesetzgeber voll zu, da sie mit Herrn Graupner nicht verwandt ist, erhält sie den geringsten Freibetrag und zahlt die höchsten Erbschaftssteuern. Hätte Herr Graupner sie jedoch auf dem Totenbett geheiratet, hätte sie womöglich das Erbe zur Gänze steuerfrei erhalten können.

(Ich weiß, Frau Bodinskaja hätte sich formal von ihrem Mann scheiden lassen und in „wilder Ehe“ fortleben können, als offizielle Frau Graupner. Nach dessen Tod und dem Antritt des Erbes kehrt sie zu ihrem Mann zurück und heiratet sich wieder zur Frau Bodinskaja. Aber hier geht es nicht um eine Romanvorlage, sondern um vernünftige Gesetzgebung.)

Das andere Problem sieht man an den Unterschieden zwischen den Bernauern, die ihren Besitz nur als Verwalter für die nächste Generation ansehen, und dem Herrn Feinschnitt, für den der väterliche Betrieb eine reine Geldquelle war, die man möglichst schnell versilbert, um den eigenen Neigungen nachzugehen.

Jetzt möchte ich noch den Staat berücksichtigen, die Allgemeinheit. Kennen Sie noch den schönen Satz: Eigentum verpflichtet? Der besagt nichts anderes, als daß Menschen, die ein größeres Vermögen angehäuft haben, dieses Vermögen auch zum Nutzen der Allgemeinheit verwenden sollen und nicht ausschließlich zu selbstsüchtigen Vergnügungen. Auch beim Erbe spielt das eine Rolle, denn dem Staat ist nicht unbedingt am besten damit gedient, wenn er den Erben möglichst viel Geld abnimmt.

Was der Allgemeinheit am meisten nützt, sehen wir an der Alfons Schumm GmbH. Das ist ein Betrieb für Oberflächenveredlung, der 28 Arbeitsplätze bietet und ein Betriebsvermögen von zwölf

Millionen Euro aufweist. Nur leider hat Herr Schumm keine Nachkommen. Bestens geeignet wäre jedoch Herr Christian Zell, sein Prokurist, aber Herr Zell wird durch eine so hohe Erbschaftssteuer belastet, daß er den Betrieb verkaufen muß, an amerikanische Investoren, die nur das technische Wissen vermarkten wollen und den Betrieb bei nächster Gelegenheit schließen werden.

(Ich möchte jetzt nicht darauf eingehen, daß Herr Schumm seinen Prokuristen adoptieren oder statt an eine einzige Person den Betrieb an alle seine Mitarbeiter vererben könnte.)

Auf Dauer gesehen, würde die Allgemeinheit mehr davon profitieren, wenn sie auf die paar Millionen Erbschaftssteuer verzichtet und statt dessen die Arbeitsplätze erhält.

Eine praktikable Lösung muß „Omas kleines Häuschen" den Enkeln erhalten, dafür sorgen, daß Betriebe überleben und gleichzeitig erbende Müßiggänger massiv erleichtern. Außerdem sollte sie verständlich formuliert werden, damit kein 600-seitiger Kommentar benötigt wird, um diese Regelung zu verstehen. Anders ausgedrückt: BRD-Politiker und systemtreue Professoren möchten bitte die Hände davon lassen!

Das Reichs-Erbschaftssteuer-Gesetz

§1 Jegliches Erbe stellt ein Einkommen dar und unterliegt im Jahr des Zufalls des Erbes der vollen gesetzlichen Einkommensteuer.

Anstatt eine Sondersteuer-Regelung einzuführen, wird das Erbe als eine ganz normale Einkommensart behandelt und ebenso versteuert, wie beispielsweise eine Sonderprämie des Arbeitgebers. In der Steuererklärung wird das Erbe in der Zeile (2) angegeben, als Einkünfte aus Vermögen. Die Aufstellung erfolgt über einen gesonderten Erfassungsbogen.

§2 Für den Erben gilt pro Erbfall einmalig ein Freibetrag von 100.000 Reichsmark, unabhängig vom Verwandtschaftsgrad zwischen Erblasser und Erben.

Dieser Freibetrag sorgt dafür, daß „Omas Häuschen" nicht angetastet wird. Außerdem erledigen sich die meisten Erbfälle damit ohne weitere Bürokratie. Zwar werden auf diese Weise die leiblichen Kinder der zeitweiligen Geliebten des Erblassers gleichgestellt, aber es obliegt nicht dem Gesetzgeber zu beurteilen, wer mehr für den Erblasser getan hat. Die Pflichtteilregelung sorgt schließlich für die Ehefrau und die leiblichen Kinder.

§3 Bei Sach- und Betriebsvermögen gilt das Erbe erst im Jahr der Veräußerung steuerlich als zugefallen. Der Erbe ist jedoch berechtigt, derartiges Vermögen jederzeit voll besteuern zu lassen. Geldvermögen, das in angemessener Zeit in Betriebsvermögen umgewandelt wird, gilt als noch nicht zugefallen.

Angenommen, der Bernauer-Hof und die Feinschnitt-Fabrik haben den gleichen Wert von fünf Millionen Reichsmark. Wenn Martin Bernauer den Hof erbt, zahlt er keinen Pfennig Erbschaftssteuer, solange er den Hof fortführt. Sogar die 70.000 Reichsmark, die sein Vater für einen neuen Mähdrescher gespart hat, darf er ohne jeden Abzug vereinnahmen (Barvermögen müßte sofort versteuert werden, da es nicht zu den relevanten Betriebsteilen gehört, aber Herr Bernauer kann dieses Geld als zweckgebunden dem Finanzamt anzeigen und später die Rechnung für die Landmaschine vorlegen).

Jan Philip Feinschnitt hingegen führt die Fabrik zwei Jahre lang lustlos weiter – und zahlt zunächst ebenfalls nichts. Schließlich fühlt er sich zu Höherem berufen, als krankmachende Räucherstäbchen zu verscherbeln, und verkauft seine Fabrik für fünf Millionen. Beim zuständigen Finanzamt schließt man hocherfreut die Akte und Herr Feinschnitt darf 4,9 Millionen versteuern (nach Abzug des Freibetrages, der ihm bis zur Veräußerung erhalten bleibt).

Ein bisher nicht behandelter Fall ist Franz Mauermeier, seines Zeichens Student. Seine Eltern erliegen nach einem Medizinerkongreß auf den Seychellen einer Lebensmittelvergiftung und hinterlassen ihm 650.000 Reichsmark. 200.000 Reichsmark könnte der Student sofort steuerfrei vereinnahmen (beide Eltern = zwei Erbfälle, also doppelter Freibetrag) und davon in den nächsten Jahren umfangreiche Feldstudien diverser Brauereiprodukte finanzieren.

Er kann jedoch mit dem Finanzamt eine Vereinbarung treffen und das ganze Geld auf ein Treuhandkonto einzahlen (bzw. die 450.000 Mark, die er versteuern müßte). Aus dem Vermögen bezieht er eine Rente in Höhe von 6.000 Mark pro Jahr, die er mit 450 Mark versteuert und mit der er sein Studium finanziert.

Wenn Dr. Franz Mauermeier sein Studium abgeschlossen hat und seine Zahnarztpraxis einrichtet, darf er dafür das elterliche Erbe einsetzen, ohne daß dafür Erbschaftssteuern erhoben werden. Dies erfordert die Gleichbehandlung, denn hätten die Eltern ihrem Sohn direkt eine Zahnarztpraxis hinterlassen, wäre diese als Betrieb ebenfalls steuerfrei gewesen.

Der Betrieb darf zwischenzeitlich auch die Form wechseln. Hätte Heinrich Mauermeier eine Bäckerei besessen, hätte sein Sohn Franz diese verkaufen können, um nach Abschluß des Studiums mit diesem Geld seine Praxis zu finanzieren.

Das Deutsche Reich fördert so Arbeitsplätze, ohne dabei die Erben an das Gewerbe der Eltern zu binden. In einem Fall fällt die Erbschaftssteuer jedoch trotz der Gründung eines Betriebes in voller Höhe an: bei Investitionen im Ausland. Wird das Vermögen auf diese Weise dem deutschen Staat entzogen, muß es zuvor versteuert werden, also die Allgemeinheit ihren Anteil daran erhalten.

§4 Erlöse aus der Veräußerung von Sach- und Betriebsvermögen, die innerhalb eines angemessenen Zeitraums wieder in inländischem Sach- und Betriebsvermögen investiert werden, gelten nicht als zugeflossen.

Dieser Paragraph gestattet Herrn Zell, seine Alfons Schumm GmbH effektiv zu führen. Wenn er eine alte Lagerhalle verkauft, um Geld für die Entwicklung eines neuen Beschichtungsverfahrens zu entwickeln, ist das durch diese Bestimmung gedeckt. Auch Martin Bernauer darf einen Acker verkaufen, um nach einem halben Jahr ein Stück Wald zuzukaufen. Allerdings muß der Zeitraum eben angemessen sein, das Geld fünf Jahre am Aktienmarkt „arbeiten" zu lassen, ist damit nicht gemeint.

Der bürokratische Aufwand ist relativ gering, er entspricht dem Eintrag einer Grundschuld bei Immobilien. In den Steuerakten des Erben hingegen wird der nicht ausgeschöpfte Freibetrag vermerkt. Das sollte im Zeitalter der elektronischen Datenverwaltung wirklich kein Problem darstellen, es ginge sogar problemlos mit altmodischen Karteikarten.

Omas Häuschen und Vaters ehemaliger Betrieb können jetzt behalten bzw. fortgeführt werden; es gibt jedoch einen Fall, der noch nicht berücksichtigt ist: Mehrere Erben. Was passiert, wenn Martin Bernauer noch zwei Brüder und drei Schwestern hat, die ausbezahlt werden wollen? Eine Erbengemeinschaft, der am besten noch der Pfarrer und der Hausanwalt angehören, kann selbst 500jährigen Familienbesitz in kleine Fetzen reißen.

Die ach so bösen Nazis hatten dagegen ein Mittel: den Erbhof. Jener durfte nicht geteilt werden und ist nur einem einzigen Erben zugefallen, die anderen gingen leer aus. Natürlich lassen sich hier alle unmöglichen Fälle konstruieren: Ein treuer Sohn, der seit 30 Jahren im Betrieb mitarbeitet, und drei ungetreue und längst enterbte Töchter, die jetzt den Pflichtteil beanspruchen. (Warum hat der Vater keine Schenkung zu Lebzeiten vorgenommen?) Fünf Kinder, von denen vier den Betrieb fortführen möchten, aber ausgerechnet die Lieblingstochter will verkaufen und künftig auf Mallorca leben.

Oder die gegenteilige Position: Drei Erben wollen verkaufen, der vierte hingegen den Betrieb fortführen, obwohl er nicht die geringste Befähigung dazu besitzt. Ein Gesetz kann nicht jeden Einzelfall voraussehen und verbindlich regeln. Irgendwann werden schließlich die Gerichte entscheiden müssen.

§5 Können sich Erbengemeinschaften nicht über die Veräußerung oder Fortführung von Betrieben einigen, so ist durch das Erbschaftsgericht ein Haupterbe zu benennen. Dabei sind die Absichten des Erblassers zu berücksichtigen, außerdem steht der Erhalt eines Betriebes über den finanziellen Interessen der Erben. Das Erbschaftsgericht ist berechtigt, eine Abfindungszahlung festzulegen, die der Haupterbe seinen Miterben in zwölf jährlichen Raten auszahlen muß, die deutlich geringer als der Pflichtteil ausfallen kann. Sollte innerhalb dieses Zeitraumes das Erbe veräußert werden, leben die Ansprüche der Miterben gegen den Haupterben wieder auf.

Ich gebe zu, daß diese Regelung ein wenig schwammig ist. Doch wenn dieser Paragraph angewendet werden muß, hat der Erblasser einen Fehler begangen. Die hier aufgeführten Regeln finden auch bei Schenkungen Anwendung, auch in Verbindung mit Niesbrauch oder Leibrente. Das heißt, der Erblasser hat es in der Hand, wer ihm nachfolgen soll, ohne auf die bisherigen umständlichen Freibeträge und Steuersätze Rücksicht nehmen zu müssen.

In besonderen Fällen führt diese Regelung zu Ungerechtigkeiten. Wenn bisher ein Betrieb im Wert von 100 Millionen Reichsmark von drei Personen geerbt wurde, dann standen jedem 33 Millionen zu (bzw. zweimal Pflichtteile von 16,7 Millionen und einmal das Haupterbe von 66,6 Millionen). Um alle Erben zu befriedigen, muß der Betrieb zerschlagen und verkauft werden. Nach der neuen Regelung bekommen die beiden Nebenerben womöglich nur jeweils 100.000 Mark pro Jahr, also nur 600.000 Mark pro Person – und 500.000 Mark müssen sie auch noch versteuern.

Auf der anderen Seite bleiben 680 Arbeitsplätze erhalten – und die Erben haben zuvor eine hervorragende Ausbildung genossen, weil ihr Vater diese bezahlen konnte, im Gegensatz zu den meisten anderen Kindern. Außerdem sind 375.000 Reichsmark bar auf die Hand (nach Steuern, verteilt auf 12 Jahre) mehr, als 95% der Deutschen im gleichen Zeitraum durch ehrliche Arbeit verdienen. Es genügt allerdings nicht, um sich eine Ferrari-Sammlung und ein eigenes Jagdrevier zuzulegen. Die damit verbundene Ungerechtigkeit sollte zu verschmerzen sein.

Bisher hatte der Ehepartner des Verstorbenen eine Sonderstellung, ob er nun geeignet war, den Betrieb fortzuführen oder nicht. Mit dieser Regelung kann der Betrieb direkt an den Erben übergehen, der diesen Betrieb fortführt, ohne einen Pfennig Erbschaftssteuer bezahlen zu müssen. Sobald aber eine Betriebsstätte in Deutschland verkauft wird, um im Ausland zu investieren, fällt die volle Einkommensteuer an.

§6 Erben können ihr Erbe gegen festgelegte Auszahlungen direkt an das Finanzamt weitergeben.

Frau Ottilie Sandermann hat von ihrem Ehemann 800.000 Mark hinterlassen bekommen. Frau Sandermann hat sich niemals um Gelddinge gekümmert, mit 62 Jahren möchte sie damit nicht mehr anfangen. Sie hat jetzt die Möglichkeit, nach Abzug des Freibetrages 700.000 Mark zu versteuern und einen Teil des Geldes an Steuern über den Einkommensvortrag in den nächsten Jahren wieder zurückzuholen.

Sie kann aber auch das gesamte Geld dem Finanzamt überlassen, gegen eine jährliche Auszahlung von 20.000 Mark (Nach Steuern, Freibetrag berücksichtigt: 16.125 Mark). Damit wird das Erbe in 40 Raten ausbezahlt, ohne den großen Steuerschub am Anfang und die ständigen Einkommensvorträge.

§7 Jegliche Verbringung des Erbes ins Ausland ist nur nach vollständiger Versteuerung möglich.

Wer sein Erbe ins Ausland schaffen möchte, kann das gerne tun, aber erst, wenn es vollständig versteuert worden ist. Wenn also Herr Feinschnitt seine Lungentorpedos künftig in Polen produzieren möchte und er den Betrieb deswegen verkauft, muß er sein Erbe vollständig verteuern.

Auch wenn er nur die Produktionsanlagen außer Landes schafft, um den Betrieb jenseits der Grenze auszustatten, muß er versteuern. Dies gilt für jede Art von Gestaltung. Eine Investition im Ausland wird steuerlich in eine Entnahme im Inland und eine Ausfuhr des entnommenen Geldes ins Ausland aufgeteilt.

Weitere Einkünfte

Die heutige Regelung für Betriebe folgt nur in Ausnahmefällen der einfachen Gleichung:

Einnahmen – Ausgaben = Gewinn

Zunächst wird der Betrieb selbst als „juristische Person“ angesehen, die ein eigenes Einkommen besitzt und dieses versteuern muß. Aber das ist immer noch viel zu einfach.

Angenommen, die Absahner-AG erzielt dieses Jahr einen Gewinn von 30 Millionen Euro. Nun hat die Absahner-AG vor drei Jahren eine schöne Firmen-Kantine gebaut, die sie über zehn Jahre abschreiben darf. Die Kantine ist voll bezahlt, aber rein rechnerisch hat sie dieses Jahr dank der Abschreibung zwei Millionen gekostet, also sinkt der Gewinn auf 28 Millionen. Auf der Hauptversammlung beschließen die Aktionäre, die Hälfte davon als Dividende auszuschütten. Damit fließen 14 Millionen Euro den Aktionären zu, die diese Dividende als Einkommen versteuern müssen. Die restlichen 14 Millionen Euro kann der Vorstand mit Rückstellungen und anderen Buchungstricks auf sechs Millionen Euro drücken, die dann von der Absahner-AG versteuert werden müßten, aber statt dessen an den Creamy-Trust-Fund auf den Cayman-Isles fließen, wo zwei Millionen auf Geheimkonten der Vorstände landen und der Rest an die Secret-Bank auf Guernsey weitergeleitet wird... Jedenfalls sieht der deutsche Staat nichts mehr davon.

Ach ja, dann kommen natürlich noch Kredite hinzu, für die Zinsen gezahlt werden. Die sind in Händen eines guten Steuerfachmannes noch besser als Eigenkapital, weil man damit dem Staat fällige Abgaben vorenthalten kann. Unterm Strich braucht der Betrieb eine Steuerfachabteilung, dann natürlich das Finanzamt speziell geschultes Personal, um diese Steuertricks zu entlarven, außerdem die Universitäten Professoren, die den Studenten beibringen, entweder die Tricks anzuwenden oder sie zu entlarven. Ach ja, und Betriebsprüfer brauchen wir auch noch.

Für einen Hausbesitzer gibt es vergleichbar aufwendige Regelungen. Um das Haus zu bauen, nimmt er eine Hypothek auf, für die er Zinsen bezahlt. Das Gebäude selbst unterliegt einem Wertverlust, der sogenannten Abschreibung. Für das alles bezahlen Mieter und die Steuerbürger, die jedoch nichts davon haben, wenn das Haus mit Gewinn verkauft werden sollte.

Das Spiel mit Zinsen, Krediten, Abschreibungen und Investitionen läuft genauso gut mit dem Kapital im Ausland.

Dabei wäre eigentlich alles ganz einfach, wenn man die Regelungen der Erbschaftssteuer konsequent auf Betriebe, Vermietungen und Auslandsvermögen anwendet. Egal ob Betrieb oder Haus, alles wird als juristische Person betrachtet, die ein steuerfreies Eigenleben führt, während alle Entnahmen von natürlichen Personen als Einnahmen versteuert werden.

Die Ehrbar-AG erzielt einen Gewinn von sechs Millionen Reichsmark. Es gibt keine Abschreibungen, keine Kreditzinsen, keinerlei Abzüge. Die Hauptversammlung schüttet drei Millionen an die Anteilseigner aus, die diese ordentlich versteuern. Die restlichen drei Millionen verbleiben steuerfrei im Betrieb, bis sie mit dem Gewinn vom nächsten Jahr verwendet werden, um eine neue Maschinenhalle einzurichten.

Das Geld bleibt im Land, es versickert nicht in dunklen Kanälen und schon gar nicht in den Taschen irgendwelcher Vorstände, die das Geld mit klebrigen Fingern von Steueroase zu Steueroase transferieren.

Wie sieht es beim Hausbesitzer aus? Das Haus wird gebaut und vermietet. Die Mieteinnahmen fließen auf ein Sonderkonto, für das keinerlei Steuern bezahlt werden. Es gibt keine Abschreibungen, die den steuerlichen Wert mindern. Es gibt keine Vermögenssteuer, für die der Wert des Gebäudes reduziert werden müßte. Die Abnutzung mußte bislang ebenfalls aus den Mieteinnahmen getragen werden, zum Teil direkt, zum anderen Teil über die Steuerersparnis des Hausbesitzers von der Allgemeinheit, also wiederum von den Mietern.

Nur, was der Hausbesitzer für seinen eigenen Bedarf entnimmt, wird als Einkommen versteuert. Wird das Haus verkauft, kann der vormalige Besitzer in angemessener Zeit ein anderes Haus erwerben, ohne einen angefallenen Gewinn versteuern zu müssen. Vereinnahmt er den Gewinn, so kann er diesen mittels des 50%-Vortrages auf mehrere Jahre verteilen.

Und ja, falls das Haus soviel abwirft, daß von den Einnahmen ein weiteres Haus gekauft werden kann, darf der Hausbesitzer das steuerfrei tun. Um ein Bild zu benutzen: Solange das Geld in irgendeiner Form auf dem Tisch liegt, ist es nicht vereinnahmt, also nicht steuerpflichtig.

Nach der gleichen Regelung werden Einkünfte aus dem Ausland behandelt.

Von einer Regelung müssen Sie sich aber verabschieden: Jede Einkommensart zählt für sich. Es gibt keine Verluste, die auf andere Einkommensarten übertragen werden können. Investitionen im Ausland darf niemand in Deutschland als Verluste absetzen. Negative Einkünfte aus einem Gewerbebetrieb schmälern nicht die Steuern aus einem Einkommen, das durch Vermietung und Verpachtung erzielt wurde.

Umsatz- und weitere Steuern

Auch das Deutsche Reich kann nicht auf die Mehrwertsteuer und einige Verbrauchssteuern verzichten. Bagatellsteuern, wie Salzsteuer, Leuchtmittelsteuer und Sektsteuer werden jedoch abgeschafft. Nicht verzichtet werden kann auf:

- **Mehrwertsteuer**, allerdings wird die Erhebung derselben vereinheitlich. Auf Lebensmittel, Getränke, Dinge des täglichen Bedarfs, Bücher, Zeitungen und Zeitschriften wird der reduzierte Steuersatz erhoben, auf alles andere der volle Steuersatz.

- **Kfz-Steuer**, sie wird zweckgebunden erhoben auf motorisierte Fahrzeuge, um den Straßenbau zu finanzieren

- **Luxussteuer**, die zusätzlich zur Mehrwertsteuer auf bestimmte Produkte erhoben wird, die sich der Normalbürger nicht leisten wird. Um ein Beispiel anzuführen: Eheringe unterliegen nicht der Luxussteuer, aber jegliche Schmuckstücke, deren Nettopreis 500 Reichsmark übersteigt.

- **Zölle** Das Reich ist berechtigt, auf eingeführte Produkte Zoll zu erheben. Diese Zölle sollen nicht etwa die heimische Industrie vor Konkurrenz zu schützen, sondern um Dumping-Angebote zu verteuern, die durch niedrige Sozial- und Umweltstandards zustande gekommen sind.

Die Liste ist nicht vollständig, da eine solche Aufzählung jedoch recht trocken ausfällt, verzichte ich darauf. Über die Höhe der einzelnen Steuern und die Verteilung auf Reich und Bundesländer bestimmt der Reichstag. Soweit die Länder betroffen sind, ist die Zustimmung des Bundesrates erforderlich.

Schulsystem

Das deutsche Schulsystem, in seiner klassischen Form, gehört noch immer zu den Besten der Welt. Das Schulsystem wurde jedoch mit Ideologie überfrachtet und erhielt Aufgaben zugewiesen, die kein Schulsystem der Welt bewältigen kann.

Ja, das System selektierte von Anfang an. Jungen und Mädchen wurden in verschiedene Klassen geschickt und getrennt unterrichtet. Nach vier Jahren wurden die begabten Schüler ausgesondert und auf Eliteschulen geschickt, um dort den höchsten Schulabschluß zu erlangen. Nach sechs Jahren wurden wieder die begabten Schüler ausgelesen für den mittleren Schulabschluß, während die Mehrheit der Schüler nach dem einfachen Abschluß eine Berufsausbildung aufgenommen hat.

Trotz seiner Erfolge hat das deutsche Schul- und Bildungssystem Nachteile, die bei einer Reform abgestellt werden müssen: Das deutsche Bildungswesen begünstigt die Begüterten mehr als jedes andere der Welt. Schlechte Noten gleichen wohlhabende Eltern nicht nur durch Nachhilfe, sondern gerne auch mittels Anwälten aus. Die deutschen Schulen sind zur Beute der Ideologen geworden, von denen fachfremde Inhalte in den Schulunterricht eingetragen worden sind. Die Schule darf nur noch begrenzt erziehen, sie kann keine Defizite der Elternhäuser ausgleichen, weil diese längst zu groß geworden sind. Ministerialbürokratien geben die Lehrinhalte vor, lassen aber die Lehrer bei deren Umsetzung allein. Kinder, die kaum Deutsch sprechen, werden in normale Klassen gesetzt, was den Unterricht aller behindert. Aber natürlich nicht bei Privatschulen, die sich nur besser gestellte Eltern leisten können. Es gibt zu viele Lehrerinnen und zu wenige Lehrer, wodurch männliche Schüler falsch erzogen werden.

Zu Recht wird beim Schulsystem die Starrheit kritisiert. Wer den Absprung zur Realschule verpaßt hat, ist in der Hauptschule gefangen. Die „Haupt"-Schule wird so zur Restschule, deren Abgänger als Bildungsversager betrachtet werden. Auf der anderen Seite erlaubt das Schulsystem, daß Leute nicht nur ohne Abschluß ins Leben treten, sondern auch als funktionelle Analphabeten.

Im internationalen Vergleich wird Deutschland vorgehalten, wir bildeten zu wenige Akademiker aus. Das ist nur teilweise richtig. Uns fehlen Naturwissenschaftler und Ingenieure, dafür haben wir keinen Bedarf an noch mehr Juristen, Wirtschaftswissenschaftlern und Sozialpädagogen. Das deutsche System der gründlichen Berufsausbildung und des begleitenden Schulunterrichts wird durch ein Studium mit Praktika nur unzureichend nachgebildet. Außerdem sind deutsche Absolventen zu alt: Abitur mit 20, Diplom mit 27 – das dauert alles zu lange.

Ein Bildungssystem für das neue Deutsche Reich muß diese drei Probleme bekämpfen, aber das Bewährte beibehalten. Es muß außerdem durchgängig konzipiert werden, vom Kindergarten bis zur Promotion. An einzelnen Schulzweigen zu reformieren, ohne die anderen zu beachten, muß zwar nicht völlig scheitern, aber es kann nicht den Erfolg bringen, den wir wirklich brauchen.

Dieses Kapitel behandelt die Schulausbildung, den Weg zu den ersten Bildungsabschlüssen und der normalen Berufsausbildung. Die Hochschulen folgen im nächsten Kapitel.

Kindergarten und Vorschule

Ich beginne nicht bei den Kindertagesstätten (Kitas), weil diese ein Auswuchs der „modernen" Zeit sind. Kinder benötigen ihre Eltern, also die Fürsorge ihrer Mutter. Die Kitas wurden entworfen, um junge Mütter im Arbeitsprozeß zu halten und ihnen gleichzeitig die Kinder zum Zwecke der staatlichen Manipulation zu entziehen. Nicht die Berufstätigkeit, sondern die Mutterschaft ist der wichtigste Erfolg, den eine Frau erreichen kann. Die heutige Betonung der Karriere dient nur dazu, deutsche Frauen davon abzuhalten, Kinder zu bekommen, denn ein Austausch der Bevölkerung ist der sicherste Weg, um Deutschland zu vernichten. Kitas verhindern zwar gelegentlich eine Abtreibung aus beruflichen Gründen, aber sie entziehen die Kinder frühzeitig den Eltern. Deshalb gehören Kitas nicht zu diesem Schulkonzept.

Der Kindergarten ist für Kinder ab dem dritten Lebensjahr und auf drei Jahre angelegt. Vordringlich sollen Kinder im Kindergarten toben, singen, spielen, eben Kind sein. Im zweiten und dritten Jahr können Kinder jedoch eine halbe und schließlich eine ganze Stunde am Tag ein wenig gezielter spielen. Ich maße mir nicht an, Kindergartenpädagoge zu sein, aber meine Ideen für spielerisches Lernen möchte ich hier vortragen.

Kinder spielen mit Bauklötzen. Warum also nicht Bauklötze, Würfel aus Holz oder Plastik, auf denen Buchstaben und Zahlen gedruckt sind? Die meiste Zeit werden die Dinger nur gestapelt, aber die Kindergärtnerin sagt den Kleinen immer wieder, was diese merkwürdigen Symbole darauf bedeuten. Gelegentlich werden Worte gelegt und so ganz nebenbei das Lesen erlernt.

Kinder malen gerne – nicht nur ohne Vorlage, sondern gerne einfach fertige Bilder aus. Da tauchen halt in den Malbüchern neben einem Affen und einer Kuh eben auch die Worte „Affe“ und „Kuh“ auf, die ebenfalls aus- oder abgemalt werden sollen. 90% Spaß, 10% Lernen, über zwei Jahre hinweg.

Das einfache Rechnen unterstützen Rechenstäbe, ein bis zehn Einheiten lang, die man aufeinander stecken kann. Damit werden

Zahlen „aufgebaut“ und wieder „zerlegt“, beiläufig, während des Spiels. Wenn ein gezeichneter Tisch sechs Einheiten hoch ist, sollen die Kinder aus kleineren Stäben eine Sechs zusammenbasteln. Alles ganz einfach, spielerisch. Nur solange die Kinder dafür Interesse entwickeln.

Am Ende können die Kinder schreiben, einfache Texte lesen, wie sie in Bilderbüchern und Comics zu finden sind, und von eins bis zwanzig rechnen. Auf diesem Grundstock können die Schulen aufbauen.

Es geht noch weiter. Kinder sind lernbegierig, also warum nicht auch noch eine Fremdsprache einüben? Oder Lieder auf Englisch, Französisch oder Russisch singen? Ich rede nicht vom Pauken mit Vokabelheft und Grammatik, sondern nur von Spaß. In diesem Alter gewöhnen sich die Kinder sehr leicht an Aussprache und fremde Laute. Wo Erwachsene einen Knoten in die Zunge bekommen, wenn sie von Plattdeutsch auf Französisch umsteigen sollen, haben Kinder damit keinerlei Problem. Gerade in diesem Alter können Begabungen und Interesse geweckt werden.

Der Kindergarten, gerne auch ganztägig, ist die beste Möglichkeit, ein wenig Vorschule zu betreiben. Kindgerechte Lehrfilme oder auch Computer-Programme gibt es zur Genüge. Die Alternative dazu wäre eine wirkliche Vorschule, welche in drei bis sechs Monaten vor der Einschulung den Stoff in konzentrierterer Form vermittelt. Diese Lösung würde Geld sparen, erfordert aber Disziplin von Fünfjährigen.

Diese Lerninhalte – und die Beherrschung der deutschen Sprache – sind die Voraussetzung für die Schulfähigkeit. Nicht das Lebensalter zählt, wie es heute der Fall ist, sondern die Grundkenntnisse, auf welche die Schule aufsetzen kann. Wenn ein „Migrant“

dem Schulunterricht nicht folgen kann, dann gehört er nicht auf eine deutsche Schule, sondern auf eine spezielle Fördereinrichtung. Und wenn das Elternhaus die Schuldbildung der Migrantenkinder behindert, dann werden diese Kinder dem Zugriff des Elternhauses durch Ganztagsschulen entzogen.

Das deutsche Schulsystem ist nicht gedacht, türkische Kinder zu jungen Türken zu erziehen. Es erzieht alle Kinder zu jungen Deutschen. Wer junge Türken haben möchte, soll diese dem türkischen Schulsystem anvertrauen.

Die Grundschule

In den vier Jahren der Grundschule sind alle Kinder aus allen Ständen in der gleichen Klasse. Die Grundschule vermittelt bereits alle Kenntnisse, die ein Mensch im Alltag benötigt: Lesen und Schreiben, Rechnen im Zahlenbereich bis Tausend, mit Reichsmark und Pfennigen, Kilometern, Metern und Zentimetern, einfacher Dreisatz, Textverständnis und das Abfassen eines Aufsatzes. Außerdem sollen die Kinder mit Stadtplan und Autokarte umgehen können.

Neben dem Alltagswissen gibt es auch Malen, Basteln, Werken, Musizieren und Sport. „Drillmäßiges Üben", wie es beim Militär genannt wird, gehört dazu wie Hausaufgaben und Auswendiglernen von Gedichten. Zwei Einheiten zu je 15 Minuten Drill am Tag verkraften die Schüler, insbesondere wenn danach Sport oder ein kreatives Fach folgt.

Auch eine Fremdsprache gehört heutzutage in die Grundschule, ebenso der Kontakt mit der modernen Technik, also der Umgang mit Computern. Auch wenn es mir persönlich nicht gefällt (ich sie als Kind folglich abgelehnt hätte), sehe ich die Vorteile der Ganztagsschule. Sie beginnen bei der gesunden Ernährung, denn auch hier lernen die Kinder fürs Leben. Die Hausaufgabenbetreuung am Nachmittag, die „kontrollierte Freizeit“, mit Sport und Spiel sind weitere Vorteile in Zeiten, in denen in Kinderzimmern Fernseher stehen, die über 100 Satelliten-Programme empfangen.

Die beiden Mittelschulen

Nach vier Schuljahren erfolgt die erste Aufteilung der Schüler. Wer einen Notendurchschnitt von 2,3 und besser erreicht, kommt auf eine Schule, auf der seine Begabungen gefördert werden, auf die „Weiterführende Mittelschule“, die dem gymnasialen Zweig entspricht. Die anderen Kinder besuchen die Allgemeine Mittelschule, welche die Hauptschule und die Realschule in sich vereint.

Die Aufteilung nach Leistung widerspricht zwar der Gleichheitsideologie, ist jedoch gerechtfertigt. Ein kurzatmiger Vier-Zentner-Mann, der die 100 Meter in 45 Sekunden „rennt“, um danach im Ziel zusammenzubrechen, schafft den Lauf, wenn er mit einen Olympioniken zusammengebunden wird, der allein die 100 Meter in 9,8 Sekunden absolviert, zwar in 35 Sekunden, aber im Ziel kollabieren beide. Und zwar beide vor Überanstrengung. Der Schwergewichtler, weil der Lauf an sich schon über seine Kräfte ging, der Sprinter deswegen, weil er weitaus mehr und länger Kraft einsetzen mußte, als er es in seinem Training gewöhnt ist. Das Ergebnis ist für beide miserabel.

Wir brauchen im Deutschen Reich eine Elite, denn der einzige wirklich vorhandene Rohstoff verbirgt sich in den Köpfen der Menschen. Elite bedeutet Auslese, ein Aussieben der Besseren, ganz einfach „die Guten ins Töpfchen“. Die Leistungskriterien der Schule sind nun einmal Noten. Ich weiß natürlich, daß die Noten zweierlei aussagen: zum einen, wie gut die Schüler den Stoff aufgenommen haben, aber zugleich auch, wie gut die Lehrer ihre

Aufgabe erfüllten, den Stoff erfolgreich zu vermitteln. Doch die Welt ist als Ganzes nicht gerecht. Während des gesamten Lebens wird von den Menschen immer wieder Leistung gefordert, ohne Rücksicht auf die Umstände, unter denen sie diese Leistung erbringen müssen. Deshalb kann die Schule kein leistungsfreier Raum sein, wenn sie auf das Leben vorbereiten soll.

In der Weiterführenden Mittelschule ist der Stoff umfangreicher, das Lerntempo höher. Es kommt eine zweite Fremdsprache hinzu, Mathematik, Deutsch und Naturwissenschaften werden intensiviert. Die handwerkliche Ausbildung wird reduziert, Kunst, Sport und Musik hingegen beibehalten. Eine Aufspaltung in verschiedene Zweige, wie heute im naturwissenschaftlichen, neusprachlichen, humanistischen, etc. Gymnasium, ist nicht vorgesehen. Da es sich um eine Ganztagsschule handelt, ist das Kernangebot an Fächern bei allen Schulen gleich (gewissermaßen der Vormittagsunterricht). Jedoch kann jede Schule eigene „Nachmittagsfächer" anbieten, mit vier bis acht Stunden pro Woche. Das kann eine dritte Fremdsprache sein, Musik bis hin zum Schulorchester, experimentelle Praktika in Physik und Chemie, handwerkliche Kurse oder Wirtschaftslehre. Die Schule kann ihr Angebot frei gestalten und damit auch Schüler anwerben.

Die Allgemeine Mittelschule ist intellektuell „einfacher", vermittelt dafür in höherem Maße handwerkliche Fertigkeiten. Haupt- und Realschüler bleiben die ganzen vier Jahre zusammen. Erst nach Abschluß der Mittelschule erfolgt die weitere Aufteilung.

Die beiden Oberschulen und die Berufsschule

Mit dem Ende der Mittelschule erfolgt die weitere Aufteilung. Wer die Weiterführende Mittelschule besucht hat, benötigt einen Notendurchschnitt von 2,9 oder besser, um in die Oberschule B zu wechseln. Wer schlechter ist, also die geforderte Leistung nicht erbringt, muß auf die Oberschule A.

Wer die Allgemeine Mittelschule absolviert hat, wird ebenfalls nach Notendurchschnitt ausgewählt: Spätentwickler, die 2,0 oder besser erzielen, können eine Förderschule besuchen. Diese Förderschule dauert ein Jahr und schließt die Lücke zur Weiterführenden Mittelschule, die durch deren höheres Lerntempo entstanden ist. Der erfolgreiche Abschluß der Förderschule berechtigt zum Eintritt in die Oberschule B.

Die Förderschulen können nicht in jeder Kleinstadt eingerichtet werden. Deshalb verfügt eine Förderschule über ein angeschlossenes Wohnheim, sie sind demnach teilweise Internat. Für Geringverdiener ist dieses Internat selbstverständlich kostenfrei.

Ein Notendurchschnitt von 2,1 bis 2,7 berechtigt zum Eintritt in die Oberschule A. Wer diesen Notendurchschnitt nicht erreicht, der tritt an die Berufsschule über. Schüler, die im Abschlußjahr eine Art „pubertären Einbruch“ erleben, also signifikant schlechtere Noten haben als in den Vorjahren, können von ihren Lehrern eine Ausnahmeempfehlung erhalten, die ihnen ebenfalls den Besuch der Oberschule A ermöglicht.

Die Absolventen der Allgemeinen Mittelschule sind 13 bis 14 Jahre alt. In diesem Alter sollte zu erkennen sein, ob das Kind sich eher für eine theoretische oder gar wissenschaftliche Karriere eignet, oder eben eine praktische Ausbildung. Natürlich läßt sich über die Einschätzung streiten, daß jemand, der mit 14 seine Schwierigkeiten hat, dem Schulunterricht zu folgen – was sich in den Noten ausdrückt – wohl kaum mit 20 an der Universität glücklich werden dürfte. Es gibt immer Ausnahmen, die wirklichen Spätentwickler. Für diese Leute muß die Gesellschaft die

Möglichkeiten bieten, doch noch das zu erreichen, zu dem sie sich berufen fühlen. Dies wird im nächsten Kapitel behandelt.

Die eher praktisch begabten Schüler treten an die berufsbildende Schule über. Das neunte Schuljahr dient der beruflichen Orientierung. Die grundsätzliche Gliederung der Schule gleicht jener der Weiterführenden Mittelschule: Am Vormittag findet der Basisunterricht in den Hauptfächern statt, am Nachmittag lernen die Schüler in „Neigungsgruppen“ erste berufliche Fertigkeiten.

Die berufsbildende Schule ist ein Berufsausbildungszentrum mit Lehrwerkstätten, einer Küche und mehreren Computerräumen. Diese werden in den nächsten Schuljahren von den Lehrlingen benutzt, im Orientierungsjahr erlernen hier die Neigungsgruppen praxisnah erste Fertigkeiten. Die Lehrinhalte dieser Neigungsgruppen werden nicht von einem fernen Ministerium vorgegeben, sondern in Zusammenarbeit mit den örtlichen Betrieben erstellt. Aus diesen Betrieben stammt auch das Lehrpersonal. Warum einen Facharbeiter auf das Altenteil abschieben, nur weil er dem Alltagsstreß nicht mehr gewachsen ist? Der Mann kann sein Wissen weitergeben, an der Berufsschule. Dafür braucht er keine pädagogische Ausbildung, sondern fundierte Fachkenntnisse.

Im Orientierungsjahr finden außerdem zwei Betriebspraktika statt, die von der Schule organisiert werden, mit Blick auf die spätere Lehre. Die Schule unterstützt ihre Schüler bei der Bewerbung und dient den Betrieben als Vermittler.

Die Bäckerei Kammleiter wendet sich also nicht ans Arbeitsamt, um sich dort nach Bewerbern zu erkundigen, sie schaltet auch keine Zeitungsanzeigen, sondern sie geht zur Berufsschule. In deren Neigungsgruppe Lebensmittel finden sich zukünftige Köche, Bäcker, Konditoren... Die Schule redet mit dem Bäckermeister, der Lehrer der Neigungsgruppe ist bei den Bewerbungsgesprächen dabei und Herr Kammleiter kann an einem Nachmittag unter drei bis fünf Kandidaten seinen neuen Lehrling auswählen – direkt an der Quelle.

Nach dem Orientierungsjahr folgt die Lehre und parallel dazu die Berufsschule. Diese Ausbildung in Praxis und Theorie hat sich nicht nur bewährt, sie ist immer noch beispielhaft für die ganze Welt. Der Absolvent wird damit gründlich für seinen Beruf ausgebildet.

Am Ende von Lehre und Berufsschule steht der Bildungsabschluß 1, die berufliche Qualifikation, der Abschluß. Damit ist die Schulpflicht erfüllt.

Die Oberschule A beschleunigt das Lerntempo gegenüber der Allgemeinen Mittelschule. Sie vermittelt die Hochschulreife und ist vergleichbar dem Fachabitur. Sie wird unterteilt in einen technischen und einen kaufmännischen Zweig, eventuell ergänzt um einen sozialen und einen gestalterischen Zweig. Wie die Fachoberschule enthält diese Ausbildung zwei Praktika.

Am Ende der Oberschule A steht der Bildungsabschluß 2. Dieser entspricht keiner Berufsausbildung; allerdings ist mit diesem Abschluß ebenfalls die Schulpflicht erfüllt.

Die Oberschule B vermittelt den Bildungsabschluß 3, die Universitätsreife. Auch dieser Bildungsabschluß natürlich die Schulpflicht.

Natürlich verpflichten die Notendurchschnitte nicht. Wer mit einem Schnitt von 1,0 aus der Weiterführenden Mittelschule unbedingt auf die Berufsschule wechseln will, um von der Pike auf Schlosser zu lernen, darf das natürlich tun.

Abschluß-, nicht Schulpflicht

Heute gibt es eine Schulpflicht, für deren Erfüllung es genügt, eine gewisse Anzahl von Jahren auf der Schule verbracht zu haben. Ob am Ende dieser „Ausbildung“ tatsächlich entsprechende Kenntnisse stehen, oder ob die „Absolventen“ bildungsfern als funktionelle Analphabeten durchs Leben gehen, interessiert niemanden.

Sie kennen sicher die Fernsehwerbung, bei der sich herausstellt, daß eine junge Dame oder ein gestandener Mann nicht Lesen kann. Gibt es einen besseren Nachweis dafür, daß unser heutiges Bildungssystem gravierende Schwächen hat?

Der Schulpflicht wird nicht durch Aussitzen Genüge getan, sondern durch das Erreichen eines Abschlusses. Wer aus einer Oberschule des Deutschen Reiches „abgeht“, also sein Schulversagen eingesteht, kann damit nicht der Schulpflicht entgehen, sondern muß eine andere Schule besuchen, also mindestens den Bildungsabschluß 1 erreichen.

Wer die Weiterführende Mittelschule, die Förderschule oder ein Jahr in der Oberschule A absolviert hat, kann direkt eine Lehre beginnen. Er hat also den heutigen Hauptschulabschluß erreicht, allerdings keinen der neuen hier vorgestellten Bildungsabschlüsse.

Das Deutsche Reich verpflichtet seine Bürger zu einer Mindestbildung. Ja, das ist ein Eingriff in die persönliche Freiheit. Aber was, bitte, ist eine größere Verletzung der Menschenwürde? Der Zwang zur beruflichen Bildung oder das Hinnehmen von Lebensverhältnissen am untersten Rand der Gesellschaft, ohne jede Chance auf eine vernünftige Anstellung, die eine halbwegs komfortable Lebensführung ermöglicht?

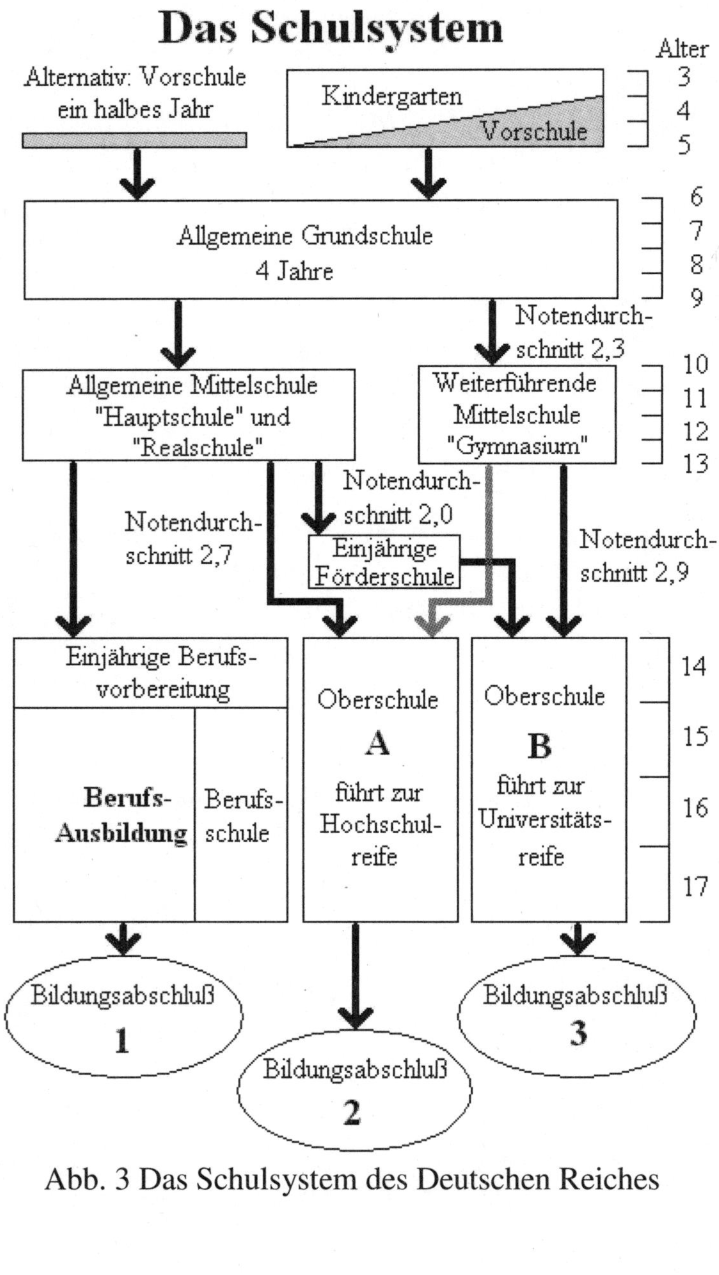

Abb. 3 Das Schulsystem des Deutschen Reiches

Die Hochschulen

Derzeit werden an den deutschen Hochschulen die „modernen" und „internationalen", also amerikanischen Abschlüsse Bachelor und Master eingeführt. Ich ziehe es vor, statt dessen die angestammten deutschen Begriffe „Graduierung" und „Diplom" zu verwenden.

Ursprünglich haben Leute Berufspraxis gesammelt, anschließend die Ingenieursschule (bzw. das Polytechnikum) besucht, um als „graduierte Ingenieure" in die Praxis zurückzukehren. Die eher theoretisch ausgebildeten wissenschaftlichen Ingenieure haben die technische Hochschule bzw. Universität besucht und wurden Diplomingenieure.

Irgendwann haben Bildungsreformer dieses System umgestellt. Der vormalige graduierte Ingenieur wird heute direkt nach dem Abitur an der Fachhochschule ausgebildet und ist danach Diplomingenieur, um ihn gegenüber dem Universitätsabgänger nicht zu diskriminieren. Um die beiden trotzdem unterscheiden zu können, ist der eine Diplomingenieur (FH), der andere Diplomingenieur (TH).

Die ehemaligen Volksschullehrer haben einen Beruf erlernt, dann irgendwann die Lehrerbildungsanstalt besucht und sind so lebenserfahren in den Schuldienst eingetreten. Ich durfte solche Lehrer noch erleben...

Die heutige Grund- und Hauptschullehrerin (Frauen sind in der Überzahl) hat die Schule besucht, dann die Pädagogische Hochschule, um schließlich ohne jegliche anderweitige Erfahrung an die Schule zurückzukehren. Dafür kann sie dann auch Latein und hat in die höhere Mathematik hereingeschnuppert, was meine damaligen Lehrer bestimmt nicht gekonnt haben. Aber mich erziehen, das konnten sie. Ich denke heute noch voller Respekt an diese „alten Männer“ zurück.

Das heutige Schulsystem zeichnet sich durch seine Eingleisigkeit aus. Gut, es gibt noch den „zweiten Bildungsweg“. Der ehemalige Bundeskanzler Schröder hat ihn erfolgreich absolviert. Heute hingegen werden solche Bewerber als „zu alt“ abgelehnt, außerdem haben sie „Brüche im Lebenslauf“. Allenfalls der Diplomkaufmann nach Abitur und zwischengeschalteter Banklehre wird noch akzeptiert.

Deshalb möchte ich mit jenen Leuten beginnen, die „nur“ eine Lehre absolviert haben.

Nach Bildungsabschluß 1

Für die Weiterbildung gibt es zwei formalisierte Wege: das berufsbegleitende Abendgymnasium und die Meisterschule. Es gibt auch noch einen nicht formalisierten Weg, bei dem die Hochschule einen „Handwerksgesellen“ direkt zulassen kann, ohne die vorherige Hochschulreife zu fordern. Ein Industriemechaniker, der in der Berufsschule gute Leistungen erbracht hatte und seitdem „einige“ Jahre im Spezialmaschinenbau gearbeitet hat, kann direkt zum Studium zugelassen werden, um graduierter Ingenieur zu werden. Dies sind jedoch Einzelfallentscheidungen, welche die jeweilige Hochschule treffen muß, deshalb kann ich hier in einem Buch über Konzepte keine umfangreiche Liste anführen, wer unter welchen Umständen eine solche Zugangsberechtigung erhalten kann.

Die normale Hochschulreife kann ein Facharbeiter / Geselle auf dem Abendgymnasium erwerben. Dieses bietet einen eingeschränkten Fächercanon an, die Hauptfächer der Oberschule A umfaßt. Diese Schule soll in Teilzeit neben der normalen Arbeit besucht werden. Ihre Lerninhalte entsprechen im Umfang einem Jahr Vollzeitunterricht und am Ende steht eine staatliche Prüfung.

An Stelle des Abendgymnasiums sind noch weitere Schulen denkbar: Vollzeitunterricht an einer zentralen Stelle, Telekolleg über spezielle Satellitenkanäle oder Fernunterricht.

Die Schule unterliegt keinerlei Zugangsbeschränkungen, es wird nur der Bildungsabschluß 1 vorausgesetzt. Sie vermittelt den Bildungsabschluß 2, die Hochschulreife.

Der andere Weg ist die Meisterschule. Diese Schulen fordern neben dem Bildungsabschluß 1 mindestens drei Jahre Berufserfahrung. Sie unterrichten in Vollzeit und sind zentral eingerichtet. Ihr Besuch kann mit einem Stipendium ermöglicht werden.

Die Meisterschule wird mit der Meisterprüfung abgeschlossen. Diese Meisterprüfung qualifiziert zur Führung eines eigenen Betriebes, zur Ausbildung von Lehrlingen und zu weiteren Abschlüssen. Sie ersetzt in jedem Fall die Hochschulreife.

Eine geeignete Meisterprüfung ermöglicht den direkten Zugang zu einer Graduierungsarbeit, wie ein zuvor absolviertes Studium an einer Hochschule, außerdem den Einstieg in das Hauptstudium einer Universität. Über beides entscheidet die Hochschule bzw. die Universität.

Ich kann mir jedoch nicht vorstellen, daß ein Meisterbrief im Bäckerhandwerk eine Graduierung zum Rechtspfleger ermöglicht – oder den Seiteneinstieg ins Medizinstudium. Ein Schlossermeister hingegen dürfte die Voraussetzungen zu einer Graduierungsarbeit als Ingenieur für Maschinenbau mit sich bringen – und ein Bilanzbuchhalter den Einstieg zum Diplomkaufmann schaffen.

Die Hochschule

Die künftige Reichshochschule ist die flexibelste und vielseitigste Bildungseinrichtung im gesamten Bildungssystem. Der Unterricht ist dort in zweimal drei Trimestern organisiert, die jeweils zwölf Wochen dauern. Hinzu kommt pro Jahr ein Praktikum von zehn Wochen. Pro Trimester belegt der Student vier bis sechs Kurse, woraus sich ein durchschnittliches Studium von 30 Trimesterkursen ergibt.

Die Hochschule dient primär nicht der Forschung, sondern der Lehre, der Ausbildung des Nachwuchses. Hier werden Praktiker ausgebildet, die zwar durchaus in Forschung und Entwicklung ihren Mann stehen, aber von Haus aus keine Wissenschaftler sind, eben Anwendungs- und nicht Grundlagenforscher.

Die Hochschule bietet ein freies Kurssystem an, aus dem sich der Student mit Hilfe der Studienberatung sein Studium selbst zusammenstellt. Es gibt standardisierte Studiengänge, wie den heutigen Bauingenieur oder den Betriebswirt. Diese Studiengänge werden so an der Fachhochschule Würzburg angeboten. Die zukünftige Reichshochschule Würzburg kann mit dem gleichen Personal und dem gleichen Kursangebot beispielsweise Baubetriebswirte ausbilden, die es heute gar nicht gibt.

Wenn ein Ingenieurbüro ein neues Einkaufszentrum plant, tritt dort eine Planungsgruppe zusammen, bei der ein Architekt für die optisch ansprechende Außengestaltung sorgt, ein Bauingenieur darauf achtet, daß die Decke den Kunden in den nächsten 50 Jahren nicht auf den Kopf fällt und ein Kaufmann die Kosten begrenzt. Wenn die Planungsgruppe ihre Arbeit getan hat, übernimmt in Zukunft der Baubetriebswirt die Projektleitung, während die Planungsgruppe zum nächsten Einkaufszentrum wechselt.

Der Baubetriebswirt versteht genug vom Bauwesen, um die Bauausführung zu kontrollieren, und zugleich genug von Betriebswirtschaft, um die Abrechnungen der Subunternehmer zu überwachen.

Die Hochschule organisiert in Absprache mit der Wirtschaft ein Studium, das die fachlichen Voraussetzungen dafür bietet: Die Ingenieurseite wird mit sechs Trimestern Bauwesen abgedeckt, außerdem gehören dazu die Einführung in die höhere Mathematik, zwei Trimester Statik, die Einführung in die Architektur, ein Trimester Baurecht, zwei Trimester Konstruktion und ein Trimester Baustoffkunde. Die wirtschaftliche Seite erfordert sechs Trimester Betriebswirtschaft, die bereits abgedeckte höhere Mathematik, Einführung in die Rechtswissenschaft, Vertragsrecht, Buchführung und Kostenrechnung. Damit sind 24 Trimesterkurse festgelegt, sechs weitere bleiben zur Spezialisierung und Vertiefung übrig. Ein Praktikum in der Buchhaltung und eines auf der Baustelle schließen das Studium ab. Die Graduierungsarbeit wird nach Möglichkeit beim zukünftigen Arbeitgeber erstellt.

Der technische Betriebswirt – oder Wirtschaftsingenieur – tauscht Bauwesen gegen Maschinenbau oder Elektrotechnik. Mit der richtigen Zusammenstellung kann aus bestehenden Kursangeboten jederzeit ein neuer Studiengang gebildet werden.

Falls Sie ein neues Eigenheim wünschen – ich kann Ihnen gerne die Pläne dafür zeichnen. Vielleicht vergesse ich die Toilette, aber dafür bekommen Sie zwei wunderbare Fernsehzimmer. Ein Bauingenieur begeht diese Fehler natürlich nicht. Trotzdem würde niemand einen frisch graduierten Bauingenieur sofort an eine Talsperre, einen Eisenbahntunnel oder eine Autobahnbrücke heranlassen. Der Jungingenieur wird von einem erfahrenen Praktiker unter die Fittiche genommen und erlernt in den ersten zwei bis drei Jahren die wichtigen Kniffe für seinen Beruf.

Die Hochschule will ihren Absolventen nicht die höchsten Höhen der menschlichen Wissenschaft vermitteln, sondern ein solides Fundament errichten, auf dem diese Absolventen aufbauen können. Wieso sollten angehende Bauingenieure ein Jahr damit verbringen, die Konstruktion des Dreischluchtendammes nachzuvollziehen, wenn sie zukünftig Bürohochhäuser bauen werden?

Auf der anderen Seite muß der Jungingenieur jedoch die Fähigkeit besitzen, die Pläne eines Vorgängers zu verstehen, zu analysieren und die angewandten Techniken zu erlernen. Er ist nicht perfekt, aber ausgebildet, diese Perfektion zu erlernen.

Ein angehender Fremdsprachenkorrespondent sucht sich zwei Sprachen aus, internationale Kurzschrift, Einführung in die Rechtswissenschaft, Handelsrecht, internationales Recht, vielleicht auch technische Fächer. Mit den angehenden Mittelschullehrern besucht er ein Trimester Geographie über Europa oder Südamerika – je nachdem, wo er seine Anstellungschance sieht.

Die Hochschule bildet Grundschullehrer und Mittelschullehrer aus. Während die Grundschule den größten Wert auf Pädagogik, Didaktik, Kinderpsychologie und Erziehung legt, werden an den Mittelschulen gemäß den Fächerkombinationen die Fachkurse betont.

Anstatt unerfahrene Praktikanten auf Schüler zu hetzen, findet das erste Praktikum an der Hochschule statt. Die Kommilitonen ersetzen die Schüler, statt denen das kleine Einmaleins beizubringen, wird eben über Zeitungsnachrichten referiert. So kann der zukünftige Lehrer das Auftreten vor der Klasse üben. In der nächsten Stufe erhalten die „Schüler“ Auftragskarten, in welcher Weise sie den Unterricht stören sollen. Das geht vom lauten Schnarchen über Aufsässigkeit bis zu einer simulierten Schlägerei. Außerdem gibt es „Leitungsstörungen", vom Feueralarm bis hin zur Polizei, die einen „Schüler" wegen eines Ladendiebstahls vernehmen will. Diese Zwischenfälle kann der angehende Lehrer nicht in der Schule üben, dafür gibt es die Praktika. Das alles kommt aber in der Praxis vor, nur ist dann kein Dozent zur Stelle, der eine Musterlösung vorlegt und dem Lehrer die eigenen Fehler erklärt.

Die Hochschule zur Gänze zu beschreiben, erfordert ein eigenes Buch, außerdem eine Gruppe von Sachverständigen, welche die einzelnen Studiengänge entwerfen. Die grundlegende Idee dahinter dürfte ich jedoch vermittelt haben.

Am Ende jedes Kurses steht eine geeignete Abschlußprüfung, die in Form einer Klausur stattfinden kann, als mündliche Prüfung oder in Form einer Fortgangsnote aus dem Kurs. Darüber wird ein „Schein" ausgestellt, ein Zeugnis über das Bestehen dieses Kurses. Neudeutsch wird das mittlerweile als „Credit" bezeichnet.

Die Abschlußnote setzt sich aus den Noten der Scheine zusammen. Je nach Studiengang folgt dann noch die Graduierungsarbeit, die vier bis sechs Wochen dauern sollte. Lehrer beispielsweise benötigen keine Gradierungsarbeit, ihre Ausbildung wird durch ein Referendariat an der Schule fortgesetzt. Wenn ein Hochschüler danach an eine Universität wechseln möchte, benötigt er die von der Universität dafür geforderten Kurse / Scheine, aber keine Graduierungsarbeit. Ich gehe jedoch davon aus, daß die meisten Leute diese anfertigen, um den Abschluß zu erlangen, für den Fall, daß sich der Weg zum Diplom doch noch als zu beschwerlich erweisen sollte.

Die zuvor erlangte Universitätsreife ermöglicht es einem Studenten, mehrere Trimesterscheine mittels seines Reifezeugnisses anerkannt zu bekommen. Im Ergebnis kann so ein Student das Hochschulstudium in einem einzigen Jahr absolvieren oder sein Studium deutlich breiter anlegen und seinen Neigungen folgen.

Die Hochschule kann außerdem „Generalisten" ausbilden, den graduierten Techniker, Wirtschaftler oder Philosophen. Der Student stellt sein Studium selbst zusammen, beispielsweise aus drei Ingenieursdisziplinen, ohne diese zu vertiefen. Im Ergebnis erhält der Absolvent ein Abschlußzeugnis, das nicht in ein vorgefertigtes Schema paßt, aber ihm gerade deshalb Vorteile auf dem Arbeitsmarkt verschaffen kann.

Aus diesem Grund ist die Studienberatung an einer Hochschule weitaus wichtiger, als sie heute praktiziert wird: „Was wollen Sie denn studieren?" – „Physik." – „Aha." (Der Beamte sucht in einem Ordner und holt einige zusammengeklammerte Blätter hervor.) „Hier ist Ihr Studienplan. DER NÄCHSTE!"

Die Hochschule kann sogar mit einer Universität zusammenarbeiten, indem die Universität für ausgewählte Studiengänge das Grundstudium komplett an die Hochschule verlagert – und das Vordiplom durch eine Graduierung ersetzt.

Auch mit der Graduierung sind die Promotion und die Habilitation möglich, allerdings erst nach mindestens fünf Jahren im Beruf. Über die Zulassung entscheidet die Universität.

Die Universität

Die Universität verfolgt den gegenteiligen Ansatz: Hier geht es nicht wie bei der Hochschule in die Breite, sondern in die Tiefe. Es wird gründlich und wissenschaftlich fundiert ausgebildet, aber eben auch ganz gezielt fachspezifisch. Es geht um den wissenschaftlichen Nachwuchs, weniger um die sofortige Anwendung.

Die Universität betreibt Forschung und läßt die Studenten daran teilhaben, die Lehre ist hierbei das Nebenprodukt.

Das Grundstudium zum Vordiplom wird in zwei „verschulten" Semestern mit festem Stundenplan zu jeweils 18 Wochen absolviert. Praktika finden dabei an der Universität selbst statt, in Ausbildungslaboratorien. Die intensive Ausbildung an der Oberschule B enthält bereits Inhalte, die im heutigen System Bestandteil des Grundstudiums sind. Dies erlaubt die Verkürzung des Grundstudiums von vier auf zwei Semestern.

Das Hauptstudium besteht aus Vorlesungen und Mitarbeit an den Forschungsprojekten der Lehrstühle. In Naturwissenschaften bedeutet das Laborarbeit, bei Archäologen Ausgrabungen, in der Medizin Dienst in Kliniken, bei Geisteswissenschaftlern Übersetzungen, Systematisierungen und sonstige Handlangerdienste.

Am Ende des Hauptstudiums stehen die Diplomprüfung und die Diplomarbeit. Letztere dauert drei bis zwölf Monate, je nach Fach.

Das Diplom qualifiziert zur Berufsausübung. Das Studium kann jedoch mit der Promotion fortgesetzt werden, an die sich nach einiger Zeit die Habilitation anschließt.

Die neue Reichsuniversität unterscheidet sich nicht wesentlich von der heutigen Universität, sie erfüllt die gleichen Aufgaben. Allerdings sind diese Vollakademiker die Minderheit, die forschende Elite. Die Mehrzahl der heutigen akademischen Berufe wird deutlich zügiger und mit weitaus weniger Ballast an den Reichshochschulen ausgebildet.

Das Hochschulwesen

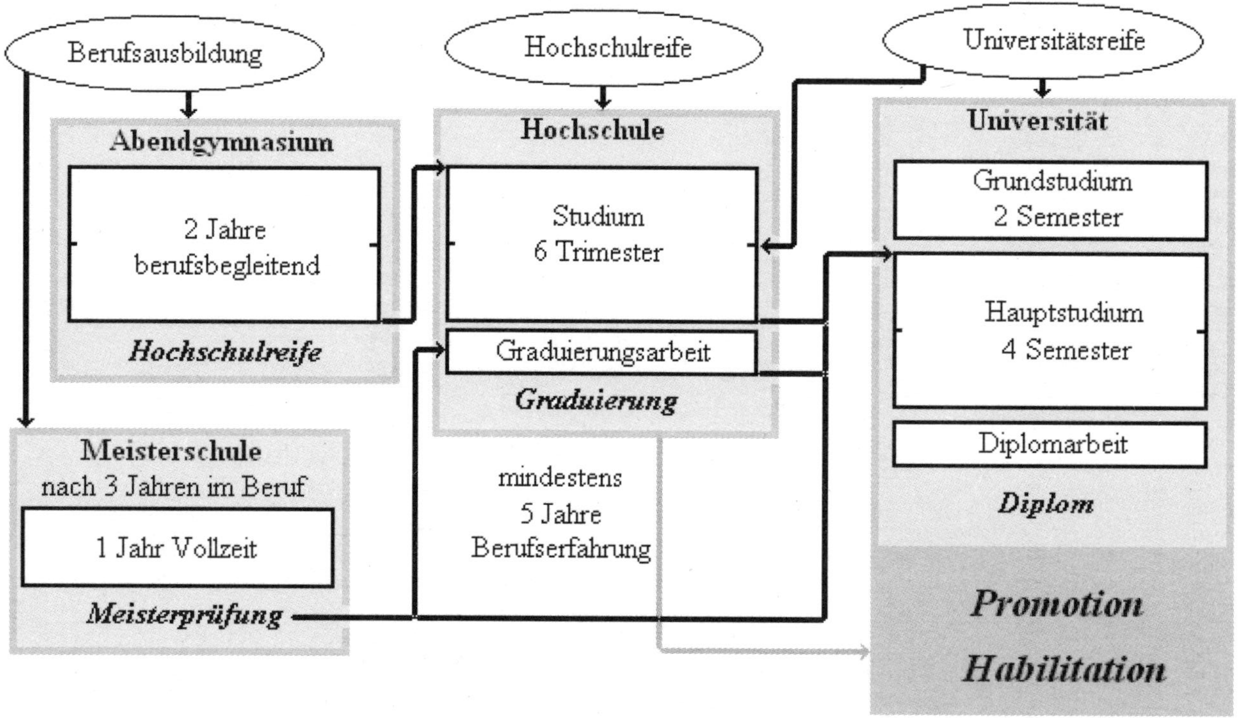

Arbeit

Leute meines Alters sind mit folgenden Vorstellungen aufgewachsen: Auf einer Kundgebung der Gewerkschaft verkündet der Redner: „Liebe Kollegen, im Jahr 2000 werden wir nur noch am Mittwoch arbeiten!“ Da ertönt ein Zwischenruf aus der Menge: „Was? Den ganzen Mittwoch?“

Außerdem wollten wir im Jahr 2000 fliegende Autos haben, alle anstrengenden Arbeiten durch Roboter erledigen lassen und die Ferien auf dem Mond verbringen. Ich fürchte, wer nach 1975 geboren wurde, kann gar nicht verstehen, was wir Älteren an Magie mit dem Datum Jahr 2000 verbunden haben.

Jetzt liegt dieses magische Jahr schon lange hinter uns, und das Leben ist weitaus weniger exotisch geblieben. Die Roboter nehmen uns die Arbeit weg, soweit diese nicht sowieso schon von Chinesen erledigt wird.

Wir dürfen die Probleme des 21. Jahrhunderts nicht mit den Lösungen des 19. Jahrhunderts angehen. Damals wurde die Massenproduktion eingeführt, die Betriebe wurden hierarchisch strukturiert und Arbeit bedeutete die Sechs-Tage-Woche mit 12 Stunden pro Tag. Auch wenn statt 72 Stunden nur noch 35 Stunden gearbeitet wird, bezeichnet man das noch immer als „Vollzeit“ und versucht, möglichst viele „Vollzeit-Stellen“ zu schaffen.

Die Manufakturen und später die Fabriken bewirkten eine Revolution im Güterausstoß. Zuvor wurde handwerklich produziert. Ein „Bauernschrank“ sieht zwar immer so aus wie ein Bauernschrank, aber man muß suchen, um zwei Bauernschränke zu finden, die genau gleich aussehen. Zumindest die Bemalung unterscheidet sie fast immer. Wer Schlösser besichtigt, findet zwar in den einzelnen

Zimmern oder Sälen gleiche Möbel vor, aber von Saal zu Saal, von Schloß zu Schloß unterscheiden sich die Möbel erheblich, selbst wenn sie alle aus dem Barock stammen sollten.

Heute ist es kein Problem, ein Dutzend gleichartiger Schränke zu bestellen. Der Katalog ermöglicht es, daß in München der gleiche Schrank steht wie in Köln, Hamburg oder Berlin. Die industrielle Fertigung in großer Serie sorgt dafür.

Im 19. Jahrhundert beschränkte sich die industrielle Fertigung noch auf Europa und Nordamerika. Noch 1950 waren Produkte aus Deutschland signifikant besser als alles, was China und Indien fertigen konnten. Die Maschinen hatten jedoch einen weiteren Effekt, der oft übersehen wird: Der Handwerker, der den Bauernschrank anfertigte, brauchte Jahre der Ausbildung, bis er seine Tätigkeit beherrschte. Die Maschinen hingegen lassen sich von angelernten Kräften bedienen, die nach ein bis zwei Wochen das können, was die Maschine von ihnen fordert.

Eine Fabrik in Aschaffenburg kaufte 1950 ihre Maschinen in Solingen oder Düsseldorf – doch auch die Fabrik in Tientsin konnte dort diese Maschinen erwerben. Womöglich kämpften die Ausländer mit Anlaufschwierigkeiten, die ihnen keinen Export erlaubten. In dieser Zeit bedienten sie den heimischen Markt, mit geringerer Qualität, aber deutlich preisgünstiger als alles, was Europa lieferte. Als nächstes studierten Ausländer Seite an Seite mit jenen, welche die Betriebe in Deutschland leiten sollten. Egal ob Betriebswirtschaft, Design oder Technologie – Europa exportierte sein Wissen. Oh, nicht die Spitzenforschung, nicht die Hochtechnologie. Aber eben sehr viel von dem, was alltagstauglich ist.

Heute produziert Bangalore auf dem Niveau von Aschaffenburg, nur eben mit Stundenlöhnen von 85 Cent, statt für 12 Euro.

Dieses Problem wird dem Deutschen Reich erhalten bleiben. Unser Schulsystem wird bestens qualifizierte Menschen in die Arbeitswelt entlassen, die mit simpler Massenproduktion unterfordert sind.

Länder wie China und Indien werden einfache Waren immer billiger herstellen können als Deutschland. Im 19. Jahrhundert steckte der Welthandel noch in den Anfängen, im 21. Jahrhundert wird er selbst nach einem Weltkrieg sehr bald wieder aufgenommen werden. Das heißt, wir werden immer billige Massenware ins Land bekommen. Wie wollen wir darauf reagieren?

Wir könnten die Löhne senken.

Das ist das, was gewisse Wirtschaftsprofessoren heute als Stein der Weisen verkünden. Das ist das Prinzip hinter den Ein-Euro-Jobs, auch wenn diese noch nicht dafür hergenommen werden dürfen, um Fabrikarbeiter zu rekrutieren. Solche Beschäftigungsverhältnisse mögen genügen, um jene minderqualifizierten Zuwanderer sinnvoll zu beschäftigen, welche die heutige Regierung so bereitwillig ins Land holt, aber sie eignen sich nicht für bestens ausgebildete deutsche Facharbeiter.

Henry Ford galt zu seiner Zeit als Revolutionär, als er verkündete, bei ihm sollen die Arbeiter so viel Geld verdienen, daß sie sich die von ihnen produzierten Autos leisten könnten. Genau das muß die Maxime für die Zukunft sein: Das Lohnniveau im Deutschen Reich muß so hoch sein, daß sich deutsche Arbeiter deutsche Qualitätsprodukte leisten können.

Wir könnten die Währung manipulieren

In früheren Zeiten, bis 1971, war der amerikanische Dollar das Maß aller Dinge. Es gab feste Währungskurse, die nur mit einigem Aufwand geändert werden konnten. Der Dollar stand zumeist auf 4,00 DM, aber in einer begrenzten Phase des Wirtschaftswunders hat die BRD auf 4,20 DM abgewertet. Ein Produkt, das in Deutschland 1.000,- DM gekostet hat, kostete in den USA zunächst 250,- Dollar – und verbilligte sich auf 238,10 Dollar. Das gleichwertige amerikanische Konkurrenzprodukt kostete immer noch 250,- Dollar und wurde damit unterboten. In Deutschland stieg sein Preis von 1.000,- DM auf 1.050,- DM und wurde so auch hier im Land weniger gekauft.

Ein geeigneter Wechselkurs zur indischen Rupie und zum chinesischen Yüan würde deren Produkte auf unser Preisniveau heben und unsere Produkte auf deren Preisniveau senken.

Nur leider benötigen diese Währungsspielereien ein paar Voraussetzungen, die im Deutschen Reich nicht mehr gegeben sind. In den 50er Jahren war die BRD noch längst kein Wirtschaftsgigant, sondern ein weitgehend zerstörter Staat. Dafür gab es eine allumfassende Leitwährung, eben den Dollar, dem gegenüber sich der Wert einer jeden anderen Währung definiert hat.

Aktuell gibt es keine wirkliche Leitwährung mehr, sondern ein freies Spiel der Papierwährungen, die untereinander ständig den Wert ändern. Es gibt Ausnahmen, in denen ein Land seine Währung fest an die Währung eines anderen Landes bindet, um eben jene Währungsvorteile einzustreichen. China beutet auf diese Weise die USA aus. Weltweit ist dies allerdings nicht möglich, weil jeder Staat bestrebt ist, sich über solche Währungsspiele Vorteile zu verschaffen.

Obendrein muß Deutschland viele Rohstoffe aus dem Ausland beziehen, eine künstlich schwach gehaltene Währung verteuert somit den Einkauf und schwächt die Wirtschaft.

Die Währungsmanipulation wäre jedoch weniger schädlich als eine rabiate Senkung der Löhne.

Zölle gegen Lohn- und Sozialdumping?

China liefert ein Oberhemd für zwei Euro, Deutschland schlägt zehn Euro Zoll drauf und schon kostet es im Einkauf des Handels soviel, wie ein Produkt aus deutschen Landen.

Zölle haben den Vorteil, daß sie durchaus funktionieren. Sie funktionieren sogar derart gut, daß sie Leute bequem werden lassen. Unsere Rasenmäher sind technisch hoffnungslos überholt? Packen wir genug Zölle auf Importe, dann verkaufen sie sich trotzdem!

Zölle schützen vor Lohn- und Sozialdumping, aber sie taugen nicht zum Allheilmittel. Sie lassen ganze Industriezweige satt und träge werden, indem sie vor Wettbewerb bewahren. Das Kaiserreich von 1871 hat seine Unternehmen zunächst durch Zölle geschützt, diese aber abgebaut, sobald diese Unternehmen auf Weltniveau konkurrieren konnten. Zölle sind eine Medizin, die man sparsam einsetzt, um Krankheiten zu kurieren, und dabei vorsichtig genug, um keine Sucht zu erzeugen.

Das Deutsche Reich wird Zölle benutzen, wenn seine Handelspartner falsch spielen. Aber es wird diese Zölle ständig überprüfen und darauf verzichten, wenn der Zweck erreicht ist.

Auf der anderen Seite: Wir müssen nicht alles selbst produzieren. Warum sollten wir unsere Arbeiter an Billigprodukten verschwenden? Warum sollten wir aufwendige Roboterfabriken errichten, wenn lebendige Vietnamesen das weitaus einfacher produzieren können? „Made in Germany“ steht auf Spitzenprodukten, nicht auf Ramschartikeln. Wir haben schließlich einen Ruf zu verlieren – oder besser, einen zu gewinnen.

Ein neues Mittelalter!

Das Mittelalter als Lösung für das 21. Jahrhundert? Oh ja!

Kennen Sie Wilhelm Herbst? Nein? Schade! Der Mann ist Schweinezüchter. Sie können bei ihm ein Schwein schlachten lassen. Ihr Schwein! Sie erwerben es als Ferkel, bezahlen die Aufzucht, werden in gewissen Abständen darüber informiert, wie es Ihrem Schwein so geht – bis es schließlich geschlachtet, zerlegt und verwurstet bei Ihnen landet. Fast so wie im Mittelalter. Da ist keine Fleischfabrik dazwischen, die Ihnen Fleischabfälle ins Hackfleisch mischt. Das kann sich Bauer Herbst nicht erlauben, denn das würde seinen Ruf zerstören.

Leider ist Wilhelm Herbst mit seinem Fleisch teurer als Lidl.

Sie kennen vermutlich auch nicht Gottfried Tischler. Der Mann hat eine Möbelmanufaktur. Sie messen Ihre Wohnräume aus und besuchen Herrn Tischler. Am Computer stellen Sie sich Ihre Einrichtung zusammen, nach Maß. Oh, Herr Tischler ist modern ausgestattet. Es gibt zwar noch Handarbeit, aber wo immer es geht, arbeiten Computer, ähnlich den CNC-Maschinen im Maschinenbau. Sie können alles vorgeben, was Sie wollen, von der Holzart bis zur Farbe des Polsters. Ganz nach Ihren Wünschen.

Leider ist Gottfried Tischler teurer als Ikea.

Auch Anton Leichtenschlag ist ein interessanter Zeitgenosse. Er arbeitet von zu Hause aus. Sie besuchen Ihn, er nimmt an Ihnen Maß. Herr Leichtenschlag ist Schneider, allerdings näht er höchstens einmal einen ausgerissenen Knopf an. Er vermißt Sie gekonnt, gibt Ihre Maße in ein elektronisches Formular ein und das war es schon. Vielleicht plauschen Sie noch ein wenig über Gartenbau, Ihrem gemeinsamen Hobby. Ihr Anzug wird nach Hause geliefert. Ein Maßanzug, mit zwei Hosen und an den Stellen verstärkt, an denen Sie immer ihre Kleider durchscheuern. Sie ziehen den Anzug an und er paßt. Eben nach Maß.

Leider ist Anton Leichtenschlag teurer als C&A.

Sie haben sicher schon verstanden, worauf ich hinaus will. Statt gesichtsloser Massenprodukte bekommen Sie individuell gefertigte Produkte. Auf Ihrem Teller landet nicht das Schnitzel aus der Kühltheke, sondern ein Schnitzel von Elfriede, für das Wilhelm Herbst mit seinem Namen und seinem Ruf bürgt.

Zu Zeiten der DDR gab es den Trabant, da waren Sie froh, wenn der endlich geliefert wurde, in der Standard-Einheitsausstattung. Ihr heutiger Opel Astra ist zwar ein Auto, das zu Millionen hergestellt wird, aber es unterscheidet sich von dem Opel Astra Ihres Nachbarn gegenüber. Opel bietet Dutzende von Extras an, um aus einem Astra IHREN Astra zu machen.

Die moderne Technik erlaubt die individuelle Fertigung. Ihr spezieller Astra hat sechs Wochen Lieferzeit, weil kein Händler den schon auf seinem Hof stehen hat. Warum erwarten Sie dann bei Ihren Schuhen, daß diese fertig und vollkommen auf Ihre Füße abgestimmt im Geschäft liegen?

Massenproduktion war gestern. Henry Ford lieferte Anfang des 20. Jahrhunderts sein Modell T in jeder gewünschten Farbe – vorausgesetzt, sie war schwarz. Das wäre heute undenkbar. Die Individualisierung, die Einzelfertigung auf Kundenwunsch, läßt sich nun einmal nicht nach China auslagern.

Wir reden so oft vom Wert der Einzelperson, aber wir rechnen in Massen. Nicht der Einzelne zählt mehr, sondern nur die Diktatur der vereinheitlichten Vielzahl. Massenheere, Massenabstimmungen, Massenmedien, Massenproduktion – dies alles sind die Errungenschaften der Vergangenheit. Die Massen lassen sich leicht lenken und verführen, aber auch aufhetzen und mißbrauchen. Wir wurden degradiert zu Rädchen im Getriebe, weil sich diese kleinen, unwichtigen Rädchen leicht verwalten lassen.

Was mit den Mitteln des 19. und frühen 20. Jahrhunderts nicht anders zu gestalten war, hat sich überlebt. Anwesenheit am Arbeitsplatz von 8 Uhr bis 17 Uhr, fünf Tage in der Woche, ein Leben im Takt des Fließbandes – das hat sich überlebt. Die Armeen der Welt haben sich von der alten Befehlstaktik zur moderneren Auftragstaktik gewandelt, zukünftig wird es eine Zieltaktik geben.

Die alten Zeiten der Massenproduktion bedurften einer Hierarchie. Vom Direktor zum Abteilungsleiter zum Vorarbeiter zum Arbeiter ging der Befehlsweg, in die umgekehrte Richtung lief fast nichts. Der Direktor plante, der Abteilungsleiter schaffte die Maschinen an, der Vorarbeiter unterwies seine Leute und die Arbeiter bedienten die Maschinen. Die Firmenleitung gab vor, was produziert wurde, wann produziert wurde und wie produziert wurde. Die Kreativität des Einzelnen war unerwünscht, denn sie störte den strukturierten und durchorganisierten Ablauf.

Ich habe mit den Erwartungen an das Jahr 2000 begonnen. Es wird Zeit, diese Erwartungen zu erfüllen. Das Militär ist hier Vorreiter. Ein einziger, entsprechend ausgerüsteter Soldat des Jahres 2008 hat die Feuerkraft einer ganzen Kompanie des Jahres 1908. Ein Schnellboot, das keine 300 Tonnen verdrängt, entwickelt die Kampfkraft eines 20.000-Tonnen-Schlachtschiffes der Skagerrak-Schlacht.

Die Großindustrie hat sich überlebt. Arbeitsintensive Massenproduktion kann gerne nach Thailand verlagert werden, wenn wir in

Deutschland intelligenter und kreativer arbeiten. Serienfertigung können Maschinen übernehmen, doch die Produktion und Programmierung der Maschinen erfordert hochqualifizierte Arbeitskräfte. Gut ausgebildet, hochproduktiv und gut bezahlt. Die Bauhütten des Mittelalters waren keine Baufirmen mit festem Personal, sondern Angehörige der Zünfte, die sich dort für ein Großprojekt zusammenfanden.

Warum soll das heute nicht möglich sein? Gerade die Produktion von Software wird heute als typische Auftragsarbeit einer großen Firma angesehen. Eine Firma, welche ihre Arbeiten dokumentiert und auch noch in zehn Jahren greifbar ist, falls Änderungen durchgeführt werden müssen. Ein typisches Projekt ist das Mautsystem Toll Collect. Da arbeiteten die Großfirmen Daimler Chrysler und Telekom zusammen. Mit dem Erfolg, daß es viel länger gedauert hat als vorgesehen. Die Firma existiert noch, aber was ist mit den Leuten? Mit jenen Programmierern, welche die Arbeit ausgeführt haben? Ich habe zwar nicht an Toll Collect mitgearbeitet, aber ich kenne den Ablauf in solchen Firmen. Zehn Prozent Fluktuation pro Jahr sind durchaus normal. Das heißt, nach fünf Jahren sind nur noch 60% der Leute greifbar, nach zehn Jahren gerade noch 35%. Leute, die sich in dieser Zeit mit ganz anderen Dingen beschäftigt haben und sich ebenso einarbeiten müssen, wie Leute, die mit diesem Projekt nie etwas zu tun hatten.

Wie sähe Toll Collect nach dem Bauhüttenprinzip aus? Eine kleine Firma fungiert als „Baumeister“. Sie entwickelt das Grundkonzept, übernimmt die Projektleitung und regelt die Dokumentation und Qualitätskontrolle der Arbeit. Anschließend wirbt diese Firma die „Gesellen“ an, die Programmierer und Softwareingenieure, welche die eigentliche Programmierarbeit erledigen. Der „Meister“ stellt die Koordinatoren, die Moderatoren der Arbeitsgruppen, alles andere sind freie Mitarbeiter. Diese werden nach Arbeitsleistung bezahlt. 60% der Zahlungen erfolgen während des Projektes, der Rest wird in den vier Folgejahren ausgeschüttet, in welchen die „Gesellen“ in der Gewährleistung stehen und gegebenenfalls nachbessern müssen. Die Gesellen arbeiten unabhängig und eigenverantwortlich, auftrags- und zielorientiert. Die Projektleitung übergibt am Ende eine komplette Dokumentation an den Kunden, behält aber eine vollständige Kopie der Daten. Dazu gehört auch das vollständige Verzeichnis der „Gesellen“. Bei Bedarf können so die leicht zusammengetrommelt werden.

Solche Projektgruppen eignen sich für alle Arten von Entwicklungen oder auch Bauarbeiten. Andere Arbeiten können durch flexible Kleinfirmen ausgeführt werden. Wir können heute zentrale Anlagen bundesweit auslasten. In Hamburg gibt es ein Büro, das individuelle Fliesen nach Kundenwunsch entwirft. Sobald die Daten festliegen, wird 700 km entfernt eine Art Drucker angeworfen, der das Dekor in Selb auf Fliesen abbildet, die anschließend dort im Ofen gebrannt werden. Die Technologie ist vorhanden, wir müssen sie nur intelligent nutzen.

Konkurrenz ist ebenso eine Denkweise des 19. Jahrhunderts. Meine Fabrik produziert 10.000 Einheiten pro Monat, deine auch. Dränge ich dich vom Markt, kann ich 20.000 produzieren und bin danach stärker und billiger. Modern ist die Vernetzung. Ich mache das, was ich am besten kann. Was ich nicht kann, überlasse ich dir, so wie du mir überläßt, was du nicht kannst. Wir kommen gemeinsam ans Ziel, wir alle.

Als Phantasten erwarteten wir Kinder der 50er und 60er für das Jahr 2000 die Befreiung von der Arbeit. Das mag Kindern nachgesehen werden. Was wir jedoch im Deutschen Reich beginnen sollten, ist die Befreiung der Arbeit selbst. Wir sind am Ende eines Zyklus' angelangt, deshalb brauchen wir neue Ideen und neue Lösungen. Nach der Vermassung und Gleichschaltung, sollten wir einen klaren Schritt zur Individualisierung der Arbeit tun. Es gilt, die Kreativitätspotentiale der Menschen auszuschöpfen, statt die Menschen zu Erfüllungsgehilfen der Maschinen zu degradieren. Wenn ich pro Jahr bei 20.000 Autos den Tankdeckel montiere, ist kein einziges dieser Autos mein Produkt. Ich arbeite, ja, aber meine Arbeit ist austauschbar.

Arbeite ich jedoch mit zehn Kollegen zusammen und baue pro Jahr 250 Autos, in deren Handbuch wir unterschreiben, daß wir unser Bestes gegeben haben, und dem künftigen Besitzer allzeit gute Fahrt wünschen, dann sind das „meine" Autos, bei denen ich mich freue, wenn ich mal einen treffe, der damit fährt. Auf der anderen Seite, für mich als Kunden, stehen hinter meinem Auto jetzt Menschen mit Namen und Gesichtern, statt nur eine anonyme Firma „Opel" oder „VW".

Das Sozialsystem

In der BRD gibt es derzeit über 200 gesetzliche Krankenkassen, von denen jede einzelne eine gut bezahlte Vorstandsetage mit Dienstwagen und sonstigen Privilegien unterhält. Bei der Rente gibt es neben der BfA und der LVA noch die Pensionen der Beamten, außerdem eine Anzahl ständischer Organisationen. Nur die Arbeitslosenversicherung ist bundeseinheitlich und staatlich organisiert.

Den Sozialversicherungen gemeinsam sind die Höchstbeiträge. Jenseits eines bestimmten Einkommens werden keine Sozialbeiträge mehr erhoben. Das heißt, die Solidarität betrifft vor allem die unteren Einkommensklassen.

Dieser Wildwuchs wird im neuen Deutschen Reich natürlich nicht mehr fortgeführt.

Die Sozialversicherung

Auf alle steuerpflichtigen Einkommen wird ein einheitlicher Sozialversicherungsbeitrag von 15% erhoben. Mitglieder dieser Sozialversicherung sind alle deutschen Bürger. Die Versicherung ist ein staatliches Institut und wird beamtenrechtlich verwaltet.

Über diese staatliche Sozialversicherung sind alle Deutschen kranken-, renten- und arbeitslosenversichert. Wer möchte, kann auf privater Basis zusätzliche ergänzende Versicherungen abschließen, welche erweiterte Leistungen bieten. Die Beiträge dazu sind jedoch persönlicher Luxus und weder von der Steuer abzusetzen, noch verringern sie die Beiträge zur Sozialversicherung.

Beamte verlieren ihren Sonderstatus. Sie sind wie andere Bürger auch Mitglieder der allgemeinen Sozialversicherung.

Die Krankenversicherung

Die Reichskrankenversicherung übernimmt das, was heute die gesetzliche Krankenversicherung leistet: sie finanziert die medizinische Versorgung aller Bürger.

Das Gesundheitssystem des Deutschen Reiches unterscheidet sich jedoch von dem der heutigen Bundesrepublik. Heute ist das Herzstück die private Praxis, in der ein Arzt als Unternehmer tätig ist, mit einem eigenen Maschinenpark, der kostendeckend ausgelastet wird. Dem gegenüber steht die Kassenärztliche Vereinigung als Abrechnungsstelle, mit Punktelisten und Plausibilitätskontrollen. Außerdem finanziert dieses System Apotheken und die Pharmakonzerne, mit ihren vornehm als „Pharmareferenten" bezeichneten Drückerkolonnen, die diesen Ärzten bestimmte Medikamente aufschwatzen sollen.

Der Arzt, der vermutlich deshalb seinen Beruf gewählt hat, um kranken Menschen zu helfen, muß nebenbei Verwaltungssachbearbeiter, Kaufmann, Personalchef und Buchhalter sein. Diese Tätigkeiten belasten und kosten Zeit, die seinen Patienten verloren geht.

Es gibt – oder gab – auf der Welt bessere Lösungen: zum Beispiel in der DDR. Die damalige medizinische Polyklinik mit angestellten Fachärzten war den Einzelpraxen der BRD deutlich überlegen. Deshalb wird das Deutsche Reich auf diesen Gedanken zurückgreifen.

Die Polyklinik hat einen Verwaltungschef, einen Angestellten der Gesundheitsbehörden. Dieser kümmert sich um das Personal und die kaufmännischen Angelegenheiten, außerdem um die Ausstattung der Polyklinik. Die Ärzte sind dort ebenfalls Angestellte.

Die Polyklinik besitzt die gesamte diagnostische Apparatur, vom Röntgengerät bis zum Labor. Dort arbeiten ein Internist, ein Lungenfacharzt, ein Röntgenarzt, ein Urologe... alle Spezialisten sind an einem zentralen Ort vorhanden, die gesamte ambulante Diagnostik und Behandlung wird in dieser Polyklinik durchgeführt.

Ja, es gibt ein paar Nachteile. Wenn der Internist einen Befund urologisch prüfen lassen möchte, muß der Patient unter Umständen ein bis zwei Stunden warten, bevor der Urologe ihn hereinnehmen kann. Bisher hätte er jedoch einen Termin in der anderen Praxis bekommen, in zwei bis drei Wochen, um anschließend wieder einen Termin beim Internisten auszuhandeln...

Die Polyklinik liegt zentral. Womöglich ist die Anfahrt weiter als bisher zum Spezialisten, doch dafür haben Sie nur eine Anfahrt und alle Spezialisten in einem Haus. Die Spezialisten selbst sind gut verdienende Angestellte, die sich als Ärzte um ihre Patienten kümmern, ohne darüber nachzudenken, wie sich jetzt noch schnell eine Ultraschalluntersuchung medizinisch rechtfertigen läßt, weil der teuere Apparat schließlich bezahlt werden muß.

Die freie, privat finanzierte Praxis gibt es nach wie vor. Statt mit der Kassenärztlichen Vereinigung wird sie jedoch direkt mit der Kreisstelle der staatlichen Krankenkasse abrechnen. Im ländlichen Raum wird jedoch der angestellte Arzt vorherrschen. Dieser hat eine feste, zentral gelegene Praxis und natürlich einen Dienstwagen. Nach einem festgelegten Tourenplan hält er Sprechstunden in den Rathäusern bzw. Gemeindeverwaltungen seines Einzugsgebietes ab. Sein Gehalt richtet sich nach dem Zeitaufwand, der Größe seines Einzugsgebiets, abgerechneten Überstunden, z.B. bei Bereitschaftsdiensten, und einer Zulage für Hausbesuche. Privatpraxen können für dieses staatliche Abrechnungsmodell optieren – mit einer Pauschale für die Praxisausstattung.

Private Zusatzversicherungen bezahlen Sonderbehandlungen, beispielsweise aufwendigeren Zahnersatz oder Einzelzimmer im Krankenhaus. Die Abrechnung erfolgt unter staatlicher Aufsicht über die Verrechnungsstelle der staatlichen Krankenkasse.

Die Rentenversicherung

Die Rente im Deutschen Reich richtet sich NICHT nach dem früheren Einkommen des Rentenbeziehers. Die Rente ist eine Solidarleistung der Volksgemeinschaft, kein „leistungsbezogenes Alterseinkommen". Wer früher gut verdient hat, konnte Geld für sein Alter zurücklegen. Die Rente zählt dabei zum einkommensteuerpflichtigen Einkommen, auch wenn sie in ihrer Höhe unter den steuerpflichtigen Grenzen bleibt. Zusätzliche Einkünfte müssen aber dank des Rentenbezugs besteuert werden.

Nach 120 Monaten einkommensteuerpflichtiger Beschäftigung hat jeder Deutsche Anspruch auf eine einheitliche Grundrente. Diese Grundrente soll sich in ihrer Höhe an der Sozialhilfe orientieren, diese jedoch in ihrer Höhe übertreffen. Bezahlt wird sie ab der Vollendung des 70. Lebensjahres. Sollte eine Aufgliederung der Beschäftigung in Monaten nicht möglich sein, so gelten 20 Arbeitstage als ein Monat. Werden weniger als 120 Monate einkommensteuerpflichtiger Beschäftigung nachgewiesen, so verringert sich die Grundrente entsprechend.

Wer mehr als diese 120 Monate der Grundsicherung gearbeitet hat, bekommt jeweils sechs zusätzliche Monate die Grundrente einen Monat früher bewilligt. Wer seit der Vollendung seines 18. Lebensjahres durchgehend gearbeitet hat, kann also ab seinem 64. Geburtstag die volle Grundrente beziehen.

Ausbildungszeiten nach Vollendung des 16. Lebensjahres werden im Verhältnis 4:1 angerechnet, d.h., ein Jahr Ausbildung wiegt drei Monate Beschäftigung auf. Durch Ausbildung erworbene Beschäftigungsmonate zählen aber nicht zu den 120 Monaten, die für die Grundrente erforderlich sind.

Überlebende Ehegatten erhalten bis zum Zeitpunkt des Eintretens eigener Rentenansprüche die Hälfte der Grundrente des verstorbenen Ehegatten. Liegt die Rente des Überlebenden unter der Grundrente, so wird diese Zahlung fortgesetzt, jedoch dürfen beide Renten zusammen nicht die Höhe der gesetzlichen Grundrente überschreiten.

Sowohl Vater als auch Mutter erhalten pro Kind einen Zuschlag von je zehn Prozent auf ihre Grundrente. Dieser Zuschlag wird in voller Höhe auf den überlebenden Ehegatten vererbt.

Wer zum Zeitpunkt der Rentenreform bereits Rente oder Pension bezieht, wird auf die neue Grundrente umgestellt. Sind seine bisherigen Einkünfte geringer, steigt der Rentenbezug auf diese Grundrente an. Sind sie höher, so wird die Rente in die Grundrente und eine Zusatzrente aufgespaltet. Künftige Rentenanpassungen betreffen ausschließlich den Grundrentenanteil, die Zusatzrente wird in ihrer Höhe bis ans Lebensende festgeschrieben.

Für Personen, die noch keine Rente beziehen, aber viele Jahre in das alte Rentensystem eingezahlt haben (z.B. Geburtsjahrgänge vor 1970) sollen geeignete Übergangsregelungen getroffen werden, in Form eines Zuschlages zur Grundrente, der wie die im vorigen Absatz beschriebene Zusatzrente behandelt wird.

Die Rentenzahlung enthebt uns jedoch nicht der Verpflichtung zur altersgerechten Beschäftigung. Die Grundrente kann dann niedrig bemessen werden, wenn die Rentenbezieher nicht zum alten Eisen geworfen werden, sondern in die Lage versetzt werden, ihre wertvolle Lebenserfahrung in geeigneter Weise weitergeben zu können.

Jedes Alter hat seine spezifischen Stärken. Einen 60jährigen aufs Dach zu jagen, damit er einen Schornstein mauert, ist nicht altersgerecht. Jetzt kann er planen, mit Kunden verhandeln, Lehrlinge anleiten und nach dem Rechten sehen, den jungen, starken Leuten helfen, Fehler zu vermeiden.

Der Altersdurchschnitt unserer Gesellschaft steigt, wir müssen uns darauf einstellen. Die Grundrente hilft den Senioren, kürzer zu treten, nicht mehr 40 oder gar 60 Stunden pro Woche arbeiten zu müssen. Jedoch können gerade die Senioren wertvolle Beiträge zur Arbeitswelt leisten, wenn wir das Schlagwort vom „lebenslangen Lernen“ ernst nehmen.

Warum muß ein 25jähriger im Innendienst Akten wälzen? Warum muß ein 60jähriger noch immer als Bauarbeiter bei Wind und Wetter auf das Gerüst steigen? Warum kann ein Ingenieur mit 25 Jahren Berufserfahrung nicht ein verkürztes kaufmännisches Studium an einer Reichshochschule aufnehmen, um sich für neue Aufgaben in der Unternehmungsleitung zu qualifizieren?

Lebenslanges Lernen bedeutet, sich beruflich umzuorientieren, sich neu zu qualifizieren, die neuen Stärken auszunutzen. Das „Arbeitsamt“ kann solche Umschulungen finanzieren, aber nur dann, wenn ein Unternehmen bereit ist, die frisch nach seinen Vorgaben ausgebildeten Leute auch für fünf Jahre zu beschäftigen. Ein bißchen denken, ein wenig Planung – und wir finanzieren Arbeit statt Arbeitslosigkeit.

Wir können auf die Erfahrung der Alten so wenig verzichten wie auf die Kraft der Jungen. Wenn es nach wirtschaftlichen Zahlen in Ordnung ist, einen 20jährigen so auszubilden, daß er mit 45 arbeitslos wird, dann ist es ebenfalls in Ordnung, den 50jährigen so weiterzubilden, daß er bis 75 arbeiten kann.

Starre Tarifverträge stehen einer altersgerechten Beschäftigung entgegen. Warum müssen alle 35, 40 oder 42 Stunden arbeiten? Der 20jährige, der seine Existenz aufbauen und seine Wohnung einrichten muß, kann 45 oder 50 Stunden pro Woche ableisten – und muß natürlich für jede Minute bezahlt werden. Der 70jährige kann seine Erfahrung in 10 oder 20 Wochenstunden weitergeben, sich mehr schonen.

Die Natur hat die Fähigkeiten und Talente altersgerecht verteilt, jetzt ist es an uns, sie altersgerecht zu nutzen. Die Jugend stürmt voran, experimentiert, erprobt Neues und lernt durch Versuch und Irrtum. Das Alter greift auf die Erfahrung von Jahrzehnten zurück, lehrt Geduld und Demut. Nur dann, wenn Jugend und Alter zusammenarbeiten, Kraft sich mit Erfahrung bündelt, entstehen höchste Leistungen.

Heute schieben wir 65jährige als nutzlos ins Altersheim ab. In Zukunft werden wir 80jährige als wertvolle Ratgeber behandeln. Das steigert das Selbstwertgefühl der Alten und gibt ihnen die Gewißheit, noch gebraucht zu werden.

Die Arbeitslosenversicherung

Hier möchte ich am wenigsten ändern. Das Arbeitslosengeld soll nach ähnlichen Gesichtspunkten ausgezahlt werden wie heute, nur die „Bundesagentur für Arbeit“ soll wieder jenes Arbeitsamt werden, das sie einst gewesen ist.

Die Behörde lehnt sich nicht wie heute zurück und fordert den Arbeitslosen auf, sich möglichst oft und bei allen passenden und unpassenden Stellen zu bewerben, sondern sie greift aktiv in die

Arbeitsvermittlung ein. Die Behörde verschickt die Bewerbungen und intensiviert ihre Bemühungen, je länger der Betroffene arbeitslos ist.

Außerdem erhält die Behörde die Möglichkeit, Umschulungen gezielter als bisher zu fördern.

Heute wird ein arbeitsloser Maurer gerne zum Koch umgeschult, der anschließend arbeitslos bleibt. Wenn er wieder an der Reihe ist, wird der Maurer/Koch zum Programmierer, der ebenfalls keine Anstellung findet.

Auch das Reichsarbeitsamt bezahlt solche Umschulungen, aber nur, wenn vorher ein Unternehmen eine Einstellungsgarantie gegeben hat. Diese geht natürlich nicht soweit, daß der frisch umgeschulte „Jung"-Koch auch dann im Unternehmen verbleiben muß, wenn er sich als nachhaltig arbeitsuntüchtig erweist. Eine solche Entlassung muß jedoch gegenüber dem Arbeitsamt stichhaltig begründet werden, ansonsten stellt die Behörde dem Unternehmen die Umschulung in Rechnung.

Das Arbeitsamt kann auch eine reguläre Lehre fördern. Anstatt wie heute einem 50jährigen „Hartz IV" und einen „Ein-Euro-Job" zu bezahlen, erhält dieser Sozialhilfe und den vollen Lehrlingslohn, wobei sich die Lehre durch die bereits erfüllte Schulpflicht um ein Jahr verkürzt.

Regelungen für Ausländer

Ausländer müssen sich die Zugehörigkeit im Solidarsystem des Deutschen Reiches erarbeiten. Das Reich kann und will nicht die Sozialfälle der ganzen Welt aufnehmen. Wer nach Deutschland kommt, eine Aufenthaltsgenehmigung erhält und arbeitet, bezahlt auch die deutsche Sozialversicherung. Damit sind er und seine in

Deutschland lebenden Angehörigen krankenversichert. Sobald er die 120 Monatsbeiträge geleistet hat, erhält er einen Anspruch auf die Grundrente. Wer sich als Zuwanderer wie ein Mitbürger verhält, wird auch vom deutschen Sozialsystem als Mitbürger behandelt.

Die Sozialversicherung des Deutschen Reiches ist nicht dazu da, irgendwelche „Opferrenten" zu bezahlen. Solche Renten werden ausschließlich aus Steuermitteln beglichen, aber nur in Fällen, in denen der Anspruch zweifelsfrei nachgewiesen ist. Eine frühere Zahlung der BRD genügt dabei nicht als Nachweis der Empfangsberechtigung.

Auch wenn das Deutsche Reich sich in diesem Punkt von Menschlichkeit und Mitgefühl leiten lassen wird, werden solche Zahlungen einer Prüfung unterliegen.

Das Geldsystem

Das Schöne am Geld ist, daß eigentlich jeder weiß, worum es sich dabei handelt. Schon ein Dreijähriger hat verstanden, was ein Euro ist: Ein paar Schokoriegel, eine Tüte Bonbons, zwei Überraschungseier... Eben das Mittel, gegen das man das eintauschen kann, was man haben will.

Am Anfang haben die Menschen Tauschhandel betrieben, bei dem die eine Seite etwas haben wollte und der anderen Seite dafür etwas gegeben hat, was diese haben wollte. Natürlich könnten Sie auch heute damit Ihre Einkäufe abwickeln. Wenn Sie Kühlschränke produzieren, bringen Sie dem Bäcker Ihrer Wahl einen vorbei und handeln mit ihm aus, daß Sie dafür ein Jahr Tag für Tag ein Pfund Brot abholen können.

Im nächsten Jahr müssen Sie sich leider einen anderen Bäcker suchen, weil Ihr bisheriger keinen zweiten Kühlschrank brauchen kann. Die Menschheit ist deshalb zu einem universalen Tauschmittel übergegangen. Nach ersten Versuchen mit Keulenschlägen und Giftpfeilen, mit denen man ebenfalls alles bezahlen, aber keine dauerhaften Geschäftsbeziehungen aufbauen konnte, einigte man schließlich auf Geld.

Wer also einen Kühlschrank braucht, kommt zu Ihnen und gibt Ihnen eine ausreichende Menge Euros, die Sie nach Belieben zum Bäcker oder Metzger tragen – oder dem Dreijährigen schenken.

Der Dreijährige erteilt Ihnen jetzt die nächste Lektion: Er möchte eine neue, eindrucksvolle Wasserpistole, die leider 4,99 Euro kostet. Folglich legt er den geschenkten Euro an einen sicheren Ort und sorgt mit einer ausgeklügelten Quengel-Strategie dafür, daß dieser Schatz sich durch weitere Geschenke vermehrt.

Womit wir die zweite Funktion des Geldes herausgearbeitet hätten: das Schatzmittel. Der Bäcker Ihres Vertrauens wird einen 25 Jahre alten Kühlschrank nicht ganz so bereitwillig gegen Brot eintauschen, wie er es bei einem neuen täte, denn dieser alte Kasten hat inzwischen beträchtlich an Wert verloren. Ein paar 25 Jahre alte Geldscheine hingegen akzeptiert er bereitwillig (in Ordnung, das ist ein Beispiel aus D-Mark-Zeiten).

Es gibt noch zwei weitere Eigenschaften, die nicht ganz so offensichtlich sind. Früher wurde Ihnen auf den Geldscheinen für deren geschickte Nachahmung Zuchthaus oder Gefängnis angeboten, im Ausland auch gerne Zwangsarbeit. Warum, das steht auf den Dollar-Scheinen: diese Papierschnipsel sind „gesetzliche" Zahlungsmittel („legal tender"). Das heißt, dieses Geld ist Geld, weil der Staat festgelegt hat, daß dieses Zeugs als Geld angenommen werden muß. Deshalb verbietet der Staat gewöhnlichen Sterblichen, sich ihr eigenes Geld zu drucken. Damit steckt in jedem Geldschein auch ein kleiner Polizeiknüppel.

Die vierte Eigenschaft des Geldes ist der Zins. Dafür, daß Sie Ihr Geld nicht in die nächste Eckkneipe tragen, um einen netten Abend zu erleben, sondern zur Bank, zahlt die Bank Ihnen Zinsen. Wenn Sie Ihrerseits zur Bank gehen, um sich fremdes Geld für einen schönen Urlaub in der Karibik zu holen, bekommen Sie dieses Geld nur, wenn Sie bereit sind, dafür Zinsen zu bezahlen.

Über das Thema Zinsen sind bereits ganze Bibliotheken geschrieben worden, deshalb möchte ich mich hier nur auf die einfache Aussage beschränken: Für jeden Euro, den Sie in Ihrer Tasche haben, bezahlt irgend jemand Zinsen. Vielleicht sind Sie das, oder Ihr Chef, oder der Kunde, der bei Ihrem Chef mit diesem Geld bezahlt hat. Und was immer Sie mit diesem Geld bezahlen, Sie zahlen einen Zinsanteil mit – und sei es nur die Ladenmiete.

Stellen Sie sich bitte einmal vor, Kartoffeln wären das akzeptierte gesetzliche Zahlungsmittel, deren Wert sich nach ihrem Gewicht bemißt. Sicher, es ist umständlicher, einen Sack Kartoffeln mit sich herumzutragen, statt einer mit ein paar Zetteln gefüllten Brieftasche. Aber als Tauschmittel funktionieren die Kartoffeln wunderbar. Ein Kilo Brot gegen ein Kilo Kartoffeln, kein Problem.

Jetzt lagern Sie einen Zentner Kartoffeln im Keller ein. In sechs Monaten stellen Sie verärgert fest, daß Sie nur noch 40kg Kartoffeln besitzen, weil diese durch die Lagerung eingeschrumpelt sind. Sie haben also 20% Ihres Schatzmittels verloren. Folglich werden Sie sich anstrengen, Ihr „Geld" möglichst schnell auszugeben, bevor es sein Gewicht und damit seinen Wert verliert. Sie werden es also nicht verschatzen, sondern in Umlauf setzen.

Gold hingegen, das Paradegeld mit über 5.000 Jahren Tradition (davon 2.500 Jahre als geprägte Münzen), hat die gegenteilige Eigenschaft: Es überdauert unverändert die Jahrtausende. Gold läßt sich über Jahrzehnte horten, also verschatzen. Damit ein Goldbesitzer sein Geld in den Umlauf gibt, es also als Tauschmittel einsetzt, muß diesem ein Anreiz geboten werden, eben der Zins.

Auf diese Weise verdient Geld weiteres Geld. Zumindest ist das die offizielle Behauptung. Aber es ist nicht das Geld, das neues Geld verdient, sondern es sind Menschen, die dieses neue Geld erarbeiten müssen. Sie sind es, die im Schweiße Ihres Angesichtes arbeiten, damit der ursprüngliche Geldbesitzer nicht nur sein verliehenes Geld zurückerhält, sondern auch noch die Zinsen. Während Sie buckeln, lebt der Geldbesitzer herrlich und in Freuden von Ihrer Arbeit und den gezahlten Zinsen. Diese Zinsen verpflichten Sie zur Knechtschaft.

Das heutige Geld ähnelt jedoch eher den Kartoffeln als dem Gold: es „schrumpelt“ dahin, wenn auch nicht so eindeutig sichtbar wie bei den Feldfrüchten. Die Eine-Mark-Münze mit dem Prägejahr 1949 glänzte im Jahr 2001 längst nicht mehr prägefrisch, sie hatte ein wenig Schmutz angesetzt, aber niemand sah ihr an, daß sie nur noch 25 Pfennig ihres ursprünglichen Wertes besaß. Die Münze ist dieselbe geblieben, aber die Welt um sie herum hatte sich verändert. Die Löhne und die Preise sind gestiegen, der Wert des Geldes ist verfallen, langsam, kaum merklich, aber stetig.

Dies nennt man Inflation. Der Verfall des Geldwertes wird für die Geldbesitzer mit höheren Zinsen kompensiert. Und diese höheren Zinsen bezahlen – ja, Sie, also jene Leute, die nicht Geld im Übermaß besitzen. Ich weiß nicht, ob Geld glücklich macht – unablässig dafür zu arbeiten, daß andere Leute immer mehr Geld anhäufen können, macht es jedenfalls nicht.

Gold oder Papiergeld?

Über Jahrtausende hinweg kannte die Menschheit nur werthaltiges Geld. Vereinfacht ausgedrückt: In einer Goldmünze steckte der Wert der Arbeit, die erforderlich gewesen war, um das Gold zu suchen und es zu dieser Münze zu prägen. X Stunden Arbeit in der Münze wurden so gegen X Stunden Arbeit getauscht, die in Brot, Fischen oder einem Tisch steckten.

„Wertloses“ Geld kennt man in Europa erst seit etwa 250 Jahren – wenn man von den verschiedenen Münzverschlechterungen absieht, die bei knappem Edelmetall von machtgierigen Fürsten durchgeführt worden sind. Das heutige Geld hat keinerlei inneren Wert. Es kostet nur ein paar Cent, einen 500-Euro-Schein zu drucken. Wertvoll ist nur der Polizeiknüppel, der dem Schein gesetzlich zugewiesene Wert.

Gold wird deshalb gerne als „ehrliches Geld“ bezeichnet, weil es sich nicht wie Papiergeld beliebig durch Drucken vermehren läßt. Mit Papiergeld hingegen läßt sich eine expandierende Wirtschaft versorgen, was mit Gold schwerer wird. Eine verantwortliche Zentralbank druckt soviel Geld nach, wie die Wirtschaft benötigt, und zieht es wieder aus dem Verkehr, wenn es nicht mehr benötigt wird. (Leider funktioniert diese Rechnung nicht, wenn demokratische Politiker ins Spiel kommen, weil die immer viel Geld benötigen, um mittels Wahlgeschenken ihre Wiederwahl zu erkaufen.)

Mit dem heute üblichen Banksystem „vermehrt“ sich jedoch auch Gold ziemlich schnell. A zahlt sein Gold bei der Bank ein, B leiht sich dieses Gold, kauft bei C ein, der das wieder bei der Bank einzahlt, worauf D sich dieses Gold leiht... Auf diese Weise steht das Gold mehrfach in den Büchern und überall werden Zinsen bezahlt. Jede Bank möchte verdienen und jeder Goldbesitzer erwartet, daß sein Gold „arbeitet“, ihm also Zinsen einbringt. Durch eine rege Wirtschaftstätigkeit erscheint die einzelne Goldmünze mehrfach in den Büchern und sorgt so für eine virtuelle Goldvermehrung im Wirtschaftssystem.

Gold hat jedoch einen entscheidenden Vorteil gegenüber jeder Papierwährung: es schafft Vertrauen. Das Deutsche Reich wird nicht als Gottesgeschenk vom Himmel erschaffen, sondern es entsteht nach einem schweren, ja katastrophalen Umbruch. Nichts von dem, was heute gewiß ist, wird in dieser Form überdauern. Deshalb ist das Wichtigste, was das Deutsche Reich in den Menschen wecken muß, das Vertrauen.

Allein aus diesem Grund ist eine Goldwährung wichtig. Allerdings wird es eine Goldwährung wie im Reich von 1871 sein, bei der Gold im beschränkten Maße umläuft, aber auch Papiergeld gedruckt wird. Bis ins Mittelalter hinein wurde fast nur physisches

Geld verwendet. Seit der Renaissance existiert die Hauptmasse des Geldes als Buchgeld, Giralgeld, oder eben „Versprechen auf Geld“. Der 1.000-Reichsmark-Schein war schon unter Kaiser Wilhelm weitaus handlicher als 50 Münzen zu 20 Goldmark. Deshalb wird die Reichsbank niemals alles Geld, das im Reich umläuft, als Gold in den Tresoren lagern müssen.

Die Reichsbank

Es gibt mehrere Varianten der Zentralbank, die verschiedene Staaten ausprobiert haben.

Die amerikanische Zentralbank ist eine Privatbank, die im Besitz von zwölf Großbanken steht. Die amerikanische Regierung muß sich jeden einzelnen Dollar, der auf der Welt umläuft, von diesem Bankenkonsortium leihen und dafür Zinsen bezahlen. Dieses System eignet sich wunderbar, um große Kriege zu finanzieren und andere Länder imperial auszubeuten.

Die französische Zentralbank war eine Behörde, die auf Weisung der Regierung handelte. Dies führte zum Wertverfall des Franc, bis sich diese Zentralbank in allen Maßnahmen der Deutschen Bundesbank anschloß, mithin ihre Souveränität aufgab, um so den Wert der Binnenwährung zu erhalten.

Die deutsche Zentralbank war eine unabhängige Behörde, die keinen Regierungsanweisungen unterlag. Sie war einzig und allein der Stabilität des Geldes verpflichtet und stand damit de facto im Rang einer Verfassungsinstitution. Sie erfüllte ihre Aufgabe derart gut, daß die Stabilität der Deutschen Mark geradezu sprichwörtlich geworden ist. Nach dem Anschluß der DDR erfolgte jedoch eine schleichende Entmachtung; mit der Einführung des Euro ist die Bundesbank nur noch eine „lebende Tote“, ein Schatten, der sich überlebt hat.

Die Deutsche Reichsbank muß deshalb so unabhängig sein, wie es die ehemalige Deutsche Bundesbank gewesen war. Die Reichsbank wird jedoch auch das Spitzeninstitut des deutschen Bankwesens sein. Private Banken wird es im Deutschen Reich nicht mehr geben. Der Reichsbank unterstehen die Landesbanken, denen wiederum die Gaubanken unterstehen, bis schließlich die Sparkassen als jene Institute folgen, die den Publikumsverkehr abwickeln.

Die Reichsbank versorgt nicht die Geschäftsbanken auf Anforderung und gegen Zinsen mit Kredit, sondern ausschließlich die Reichsregierung – und dies nur nach Genehmigung durch den Reichstag.

Die Bundesbank hatte als Regulative die Mindestreserve und den Leitzins, um die Kreditmenge im Land zu steuern und den Außenwert der Mark zu regulieren. Der Außenwert der Reichsmark bestimmt sich durch das Gold, an das die Reichmark fest gebunden sein wird. Da es weder Guthaben- noch Kreditzinsen geben wird, fallen Mindestreserve und Leitzinsen ebenfalls weg.

Brechung der Zinsknechtschaft

Dies ist ein Schlagwort aus der Nazizeit, doch der Begriff findet sich als Zinsverbot in der Bibel ebenso wie im Koran. Die Christen haben das gelöst, indem sie den Geldverleih gegen Zinsen den Juden übertragen haben, und die Juden haben entschieden, daß Zinsen nur von Nichtjuden genommen werden durften. Im Alten Testament gab es die Jubeljahre, in denen alle Schuldverhältnisse aufgelöst wurden – sogar Menschen, die durch ihre Schulden in die Sklaverei geraten sind, wurden wieder freigelassen.

Schuldverhältnisse werden heute leider nicht mehr durch Jubeljahre aufgelöst, sondern durch Insolvenz, aber auch durch einen

Währungszusammenbruch und eine Währungsreform. Im Normalfall müssen Schuldner jedoch mit Lohnpfändung und weiteren Zwangsmaßnahmen rechnen, das heißt, jahre- bis lebenslang für ihre Schulden arbeiten, in Zinsknechtschaft.

Heute lebt eine ganze Industrie davon, die Leute in Zinsknechtschaft zu stürzen und sie darin zu halten. Ihr Geld reicht nur für drei Tage Wanderung im Odenwald? Mit dem Bankkredit fliegen Sie statt dessen drei Wochen in die Karibik! Warum ein kleines, altes Auto fahren, wenn Sie einen eindrucksvollen Neuwagen leasen können? Wie, Sie haben noch keine Eigentumswohnung? Was glauben Sie, was Sie allein an Steuern sparen würden! Lassen Sie sich verlocken, und Sie rennen den Rest Ihres Lebens im Hamsterrad! Kein Kredit verschwindet wirklich, Sie können nur hoffen, ihn am Ende an einen noch Dümmeren weiterzugeben.

Deshalb gibt es im Deutschen Reich keine Zinsen, weder auf Guthaben, noch auf Kredite.

Aber die Wirtschaft braucht doch Kredite! Jedes Haus wird auf Kredit finanziert, jeder Betrieb mit Krediten aufgebaut, unser ganzer Wohlstand basiert auf Krediten!

Ja, und? Oder besser, welcher Wohlstand? Zwei Wochen Mallorca? Ist das Wohlstand? Oder vier Wochen Karibik, sechs Wochen Malediven? Brauchen Sie einen Golf, einen Jaguar oder einen Maybach? Ein Reihenhaus oder eine Villa mit Swimmingpool?

Dieser Wohlstand beruht auf Ausbeutung. Die Umwelt wird ausgebeutet, die Menschen in Afrika – und Sie. Was immer Sie sich leisten, Sie finanzieren damit jemanden, der sich mit viel weniger Arbeit noch viel mehr leisten kann.

Wie viel ist Ihnen Ihre Freiheit wert?

Oder, noch provokanter gefragt: Wie viele Jahre Ihres Lebens wollen Sie für das noch größere Auto opfern, auf das Ihr Nachbar neidisch sein wird?

Die Tretmühle, in die dieser Wohlstand Sie zwingt, beraubt Sie nicht nur Ihrer Freiheit, sondern sie unterzieht Sie auch noch einer permanenten Gehirnwäsche. Wann haben Sie das letzte Mal wirklich kreativ nachgedacht? Nicht im „Job", sondern für sich? Wann haben Sie das letzte Mal nicht nur fremde Gedanken konsumiert, sondern eigene Gedanken entwickelt? Können Sie es sich überhaupt leisten, eigenständig zu denken? Und dann auch noch danach zu handeln?

Zinsfreie Wirtschaft

In Ihrem täglichen Leben würde sich wenig verändern. Es verläuft vieles geruhsamer, weil der Zwang zur Tretmühle weg ist. Ihre Wohnung mag kleiner sein, sie steht nicht so voller Möbel. Sie haben weniger Kleider im Schrank, die Sie sowieso nicht anziehen. Sie sind schlanker und gesünder, weil Sie anders essen als heute, weniger Alkohol trinken und nicht mehr rauchen. Wenn Sie statt mit dem Auto mit dem Rad zur Arbeit fahren, löst sich auch das Problem der Bewegungsarmut.

Was ist, wenn Sie ein Auto kaufen wollen? Sie können nicht zur Bank gehen, um sich einen Kredit zu holen. Sie können nicht beim Händler eine günstige Finanzierung abschließen und auch keinen Leasingvertrag. Jetzt heißt es sparen oder den Erbonkel anpumpen. Und es heißt Maß halten. Der alte Gebrauchte tut es doch auch!

Sie wollen ein Haus kaufen? Einstmals stiegen die Baupreise rasanter als Ihr Sparguthaben. Im Deutschen Reich gibt es keine zinsbedingte Inflation und keinen Währungszerfall, also lohnt es sich zu sparen. Außerdem funktioniert Bausparen auch ohne Zinsen. Die Gemeinschaft der Bausparer finanziert Ihr neues Eigenheim schneller. Dafür zahlen Sie Ihr Eigenheim bei der Gemeinschaft wieder ab.

Sie wollen einen Betrieb gründen? In Ordnung, sparen Sie! Wenn es nicht reicht, tun Sie sich mit ein paar Anderen zusammen. Und wenn das immer noch nicht reicht, beteiligen Sie den Staat. Ja, natürlich. Die Sparkasse, Ihre Hausbank, ist schließlich ein staatliches Institut. Heute haben Sie die Bank auch mit im Boot, die möchte Ihre Geschäftspläne einsehen, alles kontrollieren, durchrechnen – und läßt sich dafür auch noch bezahlen, von der Abschlußgebühr bis zu den Zinsen. Das können Sie auch zinsfrei haben! Die Staatsbank wird Teilhaber, läßt sich ihren Anteil an den Gewinnen auszahlen und erhält schließlich ihr Geld zurück. In der Zwischenzeit hilft Ihnen die Sparkasse, Kunden und Aufträge zu gewinnen. Dafür ist sie doch Ihr Teilhaber!

Ist das schlimmer als heute? Heute müssen Sie einen Banker überzeugen, daß Sie das Geld seiner Kunden verdienen und dabei für dessen Aktionäre mehr Profit erwirtschaften, als wenn dieser Kredit einem Anderen gegeben wird. Wer einen solchen Banker überzeugt, kann auch einen Beamten überzeugen – und dieser Beamte muß keine Aktionäre befriedigen!

Die Staatsbank benötigt auch keinen Marmorpalast, der noch eindrucksvoller aussehen muß, als der Marmorpalast der Konkurrenz. Ein Dutzend Bankfilialen in einer Mittelstadt erfordern ein Dutzend Bankdirektoren, mit Vorzimmerdamen und Dienstwagen, mit Stellvertretern und weiteren Verwaltungskosten. In der Staatsbank sitzt bestenfalls ein leitender Regierungsdirektor, der nicht einmal ein Drittel des Gehalts bekommt, das ein einziger der vielen Bankdirektoren beansprucht.

Sie können sich zudem jederzeit an das Gauparlament wenden, wenn Sie sich ungerecht behandelt fühlen. Der Regierungsdirektor in der Staatsbank ist nicht in der gleichen Partei wie die Mehrheit im Petitionsausschuß, weil Parteien keine Macht mehr haben. In diesem Ausschuß sitzen keine Berufspolitiker, sondern Leute aus dem Volk, die wieder in das Volk zurückkehren werden, wenn ihre Legislaturperiode abgelaufen ist.

Wenn Sie mehr Geld brauchen, ohne Riesenkredite aufzunehmen, gründen Sie eine Aktiengesellschaft, das funktioniert nach wie vor. Aktien schütten Dividenden aus, deshalb dürften sie eine beliebte Geldanlage werden. Allerdings werden diese Unternehmen nicht mehr durch dubiose Privatunternehmen kontrolliert, sondern durch den Staat, das Finanzamt. Hier gibt es keine Gefälligkeitsgutachten mehr, um auch nächstes Jahr den einträglichen Prüfauftrag zu bekommen.

Die Staatsbank übt für abwesende Aktionäre wie bisher das Depotstimmrecht auf der Hauptversammlung aus. Allerdings gibt es einen wichtigen Unterschied: Anstatt Eigeninteressen der Bank durchzusetzen, oder die Wünsche von Großaktionären der Bank, setzt sich die Staatsbank für die Kleinaktionäre ein. Warum auch nicht? Gerade dazu ist sie als Staatsunternehmen verpflichtet.

Sie haben Ihr Sparbuch. Natürlich können Sie das Geld auch zu Hause unter der Matratze lagern oder im Garten vergraben, es verliert nicht an Wert. Aber das Sparbuch ist bequemer – und außerdem: Nicht einmal das Deutsche Reich kann garantieren, daß es keine Wohnungseinbrüche mehr geben wird. Was das Reich jedoch kann, ist für höfliche und pflichtbewußte Polizisten sorgen – und für gerechte Richter.

Im internationalen Handel gibt es jedoch gerade durch das Gold ein besonderes Problem: Gold als Zahlungsmittel fließt ab, wird schließlich bei einzelnen Nationen knapp. Das Gold des antiken Römischen Reiches landete schließlich in China, weil reiche Römer eine Vorliebe für Seide entwickelt hatten.

Der heutige Welthandel – (Papier-)Geld gegen Ware – ist jedoch nicht die einzige Option dafür. Sie funktionierte wunderbar für die imperiale Supermacht USA, die mit (an sich wertlosem) selbstgedruckten Geld diesen Welthandel bestimmen konnte, dank der Schlagkraft des US-Militärs.

Der Tauschhandel, der auf persönlicher Ebene schnell lächerlich wirkt – siehe das Beispiel mit dem Kühlschrank für den Einkauf beim Bäcker – sieht international deutlich besser aus. Deutsche Industrieprodukte für arabisches Öl? Kein Problem! Warum umständlich Gold hin und zurück bewegen (oder buchen), wenn das Geschäft direkt abgewickelt werden kann? Es geht auch um zwei oder drei „Ecken“ herum. Deutschland liefert Maschinen an die Ukraine, die Getreide an China, jenes schließlich Textilien an Deutschland – und alle sind zufrieden.

Das Ausland kann weiterhin mit Zinsen wirtschaften und seine Bevölkerung in der Zinsknechtschaft halten. Das Deutsche Reich kann sich daraus lösen, seine Menschen befreien. Persönliche Freiheit und florierende Wirtschaft – dafür wird das Deutsche Reich der Zukunft stehen!

Reichsgesetz zur Aufarbeitung des BRD-Unrechts

Weder nach dem Ende des Dritten Reiches noch nach dem Ende der früheren DDR hat es in Deutschland Gesetze gegeben, um das angerichtete Unrecht angemessen zu bestrafen. Wo immer möglich, wurden sogar die alten Leute in Amt und Würden belassen. Wenn man heute die früheren NS-Beamten allesamt als Verbrecher bezeichnet, dann ist das keine Aufarbeitung der Vergangenheit, sondern praktizierte Feigheit. Nach der Befreiung Frankreichs waren ja auch alle Kollaborateure plötzlich in der Resistance gewesen.

Die Witwe von Roland Freisler bekam nicht nur anstandslos die Pension ihres Mannes ausgezahlt, man hat den Blutrichter des Dritten Reiches sogar noch regelmäßig virtuell befördert und die Pension erhöht. Heute bekommen die Folterknechte der Staatssicherheit ganz selbstverständlich ihre Sonderpensionen, als hätten sie niemals das geringste Unrecht begangen.

Eine solche Aufarbeitung darf nicht in Form einer willkürlichen Siegerjustiz erfolgen, mit einem Strafrecht, das erst im Verlauf eines Prozesses entwickelt wird, sondern es muß ein allgemein gültiges Gesetz geschaffen werden, das die Bestrafung der Täter verbindlich regelt. Dieser Text ist ein erster Entwurf für ein solches Gesetz.

Wenn im Folgenden von der gesetzlichen Höchststrafe gesprochen wird, so ist das nach heutigem Recht eine lebenslange Gefängnisstrafe. Während Terroristen und sonstige Kriminelle nach einigen Jahren trotz „lebenslänglich“ wieder auf freiem Fuß gesetzt werden, büßten z.B. KZ-Wächter wirklich lebenslang, bis zu ihrem Tod hinter Gefängnismauern. An diese Vorgabe muß sich folglich die Strafjustiz halten, wenn es um die Bestrafung von BRD-Unrecht geht.

Dessen unbenommen kann die Verfassung des Deutschen Reiches durchaus die Todesstrafe zulassen oder die Reichsregierung die Bildung von Arbeitslagern beschließen. Da Arbeitslager eine härtere Strafe darstellen als heutige Gefängnisse, sollten höhere Gefängnisstrafen im Faktor zwei zu eins in Arbeitslager umgewandelt werden (zehn Jahre Gefängnis = fünf Jahre Arbeitslager).

§1: Behandlung der Beamtenverhältnisse

(1) Sämtliche Beamtenverhältnisse sind mit der untergegangenen Bundesrepublik Deutschland abgeschlossen worden, nicht mit dem Deutschen Reich. Die Beamtenverhältnisse sind mit dem Ende der BRD erloschen. Die vormaligen Beamten werden angewiesen, bis zur Prüfung ihrer Amtsführung ihre Ämter als Angestellte weiterzuführen. Dabei ist das gleiche Nettogehalt auszubezahlen. Alle Mehraufwendungen, die sich durch das Rechtsverhältnis als Angestellte ergeben, trägt der Staat als Arbeitgeber.

(2) Für alle früheren Beamten mit Führungsfunktion ist eine Einzelprüfung auf begangenes BRD-Unrecht durchzuführen, bevor sie in ein Dienstverhältnis als Beamte des Deutschen Reiches übernommen werden können. Dabei ist ab einer Gehaltsgruppe von A9 immer von einer Führungsfunktion auszugehen.

(3) Eine Übernahme in das Beamtenverhältnis des Deutschen Reiches kann aus folgenden Gründen abgelehnt werden:
- die Leistungsbeurteilung durch die Vorgesetzten
- Verstrickung des vormaligen Beamten in BRD-Unrecht
- mangelnde persönliche Eignung, da die Bestallung zum Beamten aus politischen Gründen erfolgte

- Wegfall der hoheitlichen Funktionen und Auflösung der Behörde.

Nicht zulässig ist die Ablehnung der Übernahme aus gesundheitlichen Gründen.

(4) Für Beamte in untergeordneten Funktionen kann die Reichsregierung behördenbezogen pauschal auf die Einzelfallprüfung verzichten.

(5) Ehemalige Beamte, die nicht in das Dienstverhältnis des Deutschen Reichs übernommen werden, behalten ihre Pensions- und Versorgungsansprüche, falls keine begangenen Straftaten zu deren Erlöschen führen.

Anmerkungen

Dieser Paragraph dient dazu, den Staatsdienst von belasteten Amtsträgern zu reinigen. Außerdem erhält das Reich die Möglichkeit, überflüssige Bürokratie abzubauen. Es soll jedoch verhindert werden, daß Behörden Personal abbauen können, das auf Grund von Alter oder Krankheit nur noch über eine eingeschränkte Leistungsfähigkeit verfügt.

Die notwendigen Rationalisierungsmaßnahmen und der Bürokratieabbau sind nicht Gegenstand dieses Gesetzesentwurfs.

§2 Volksverrat

(1) Handlungen im Amt oder im Mandat, die direkt oder indirekt zu Nachteilen für das deutsche Volk führen, werden mit Gefängnisstrafen von zwei bis zehn Jahren bestraft.

(2) In minder schweren Fällen, wenn diese Taten nur in Ausnahmefällen begangen wurden und nicht zu gravierenden Schäden geführt haben, oder wenn dem Betreffenden auf Grund seiner

Ausbildung die Einsicht in die Folgen seines Tun nicht möglich war, wird mit einer Geldbuße, einer Geldstrafe oder Gefängnis bis zu drei Jahren bestraft.

(3) In schweren Fällen, in denen der geleistete Amtseid eine besondere Pflicht zum Dienst am deutschen Volk verlangt, wird mit Gefängnis von mindestens zehn Jahren bis zur gesetzlichen Höchststrafe bestraft.

(4) In allen Fällen ist von den Tätern Schadensersatz zu leisten. Dieser wird in das Vermögen vollstreckt und umfaßt eine Einbehaltung jeglicher Pensionen.

Anmerkungen

Volksverrat sind jegliche Handlungen von Beamten oder Politikern, welche gegen die Interessen des deutschen Volkes verstoßen und fremde Staaten zum Nachteil Deutschlands begünstigen. Dazu zählt der Abschluß von internationalen Verträgen, die Deutschland zu einseitigen Leistungen oder zu Leistungen ohne angemessene Gegenleistungen verpflichten.

Hierzu zählen auch Bestimmungen der Europäischen Union, bei denen die Regierung nicht ihre Möglichkeiten ausgenutzt hat, um Nachteile für Deutschland zu verhindern. Der Kreis der Hauptschuldigen umfaßt dabei die Regierungsmitglieder und die herausgehobenen Funktionäre der Regierungsparteien (Vorsitzende, Stellvertreter und Fraktionsvorsitzende). Die Abgeordneten der Parlamente sind dabei als Mittäter anzusehen, da sie die Aufgabe haben, die Regierung zu kontrollieren und sie bei den entsprechenden Vorlagen in der Regel kritiklos zustimmen.

§3 Amtsuntreue

(1) Als Amtsuntreue zählen jegliche Handlungen von Amtsträgern, bei denen BRD-Unrecht gegen Einzelne oder Gruppen der Bevölkerung durchgesetzt oder vollstreckt wurden. Amtsuntreue führt zum sofortigen Ausschluß aus dem Staatsdienst, Aberkennung der Pensionsansprüche und Gefängnis von zwei bis zehn Jahren.

(2) In minder schweren Fällen, bei denen der Täter nur aushilfsweise mit solchen Handlungen betraut gewesen war oder ihm auf Grund seiner Ausbildung die Einsicht in das Unrecht seiner Taten nicht möglich war, beschränkt sich die Strafe auf eine Reduzierung der Pensionsansprüche, eine Geldstrafe oder Gefängnis bis zu drei Jahren.

(3) Als schwere Fälle gelten Täter, die in ihrer gesamten Karriere einen besonderen Eifer in der Verübung von BRD-Unrecht gezeigt haben. Das trifft generell auf Beamte in Spitzenpositionen zu, insbesondere wenn diese Karriere zusätzlich durch ein Parteibuch gefördert wurde. Schwere Amtsuntreue wird mit sofortigem Ausschluß aus dem Staatsdienst, Aberkennung der Pensionsansprüche und Gefängnis von acht Jahren bis zur gesetzlichen Höchststrafe bestraft.

Anmerkungen

Beamte sind zur Treue gegenüber dem Staat verpflichtet. Allerdings ist der Staat selbst dem Wohl des eigenen Volkes verpflichtet, als Res Publica, öffentliche Angelegenheit. Da die Bundesrepublik Deutschland sich offiziell zur freiheitlichen liberalen Demokratie erklärt hat, sind alle Beamten dem Wohl des Volkes verpflichtet.

Jeder Jurist muß durch seine Ausbildung erkennen, wenn sich die von ihm erwarteten Handlungen eindeutig von dem unterscheiden, was das Grundgesetz vorschreibt. In der BRD-Rechtsprechung wird regelmäßig bei NS-Verbrechern ein Befehlsnotstand nicht anerkannt. Folglich kann auch kein Amtsträger der BRD sich darauf berufen. Wer in ein Amt gelangt ist, in dem er Amtsuntreue begehen konnte, hat diese Amtsuntreue folglich vorsätzlich begangen.

Derzeit ist es üblich, daß Richter und Staatsanwälte ihre Urteile und Verfügungen nicht mehr unterschreiben. Das Argument des Zeitmangels und der Überarbeitung kann hierbei nicht vorgebracht werden, da der Aufwand für den Akt der Unterschrift vernachlässigbar klein ist gegenüber der Formulierung dieser Schreiben. Folglich muß davon ausgegangen werden, daß diese Unterschriften absichtlich nicht geleistet werden. Dies muß als Versuch angesehen werden, sich aus der Verantwortung zu stehlen.

Nicht geleistete Unterschriften müssen deshalb als Heimtücke im Amt gewertet werden, die zur Strafverschärfung führt. Untergeordnete Beamte, Amtsschreiber etc., die solche Papiere auf Anweisung abzeichnen müssen, sind Befehlsempfänger, bei denen auf Grund ihrer Ausbildung nicht davon ausgegangen werden kann, daß sie die Einsicht in die Strafbarkeit ihrer Handlungen besitzen. Deshalb unterliegt ausschließlich der im Schreiben genannte Vorgesetzte der Strafverfolgung.

Amtsträger können sich nicht darauf berufen, die Schriftstücke seien ohne ihr Wissen entstanden. Da nicht unterzeichnete amtliche Schriftstücke eine gängige Praxis der BRD sind, ist zwingend davon auszugehen, daß diese Schriftstücke mit Wissen und Billigung des Amtsträgers erstellt worden sind.

Heimtücke im Amt schließt die mindere Schwere der Amtsuntreue aus, selbst wenn die Vergehen nur in Einzelfällen begangen worden sind.

§4 Volksschädigung

(1) Alle Handlungen, die dazu führen, daß Deutschland einen volkswirtschaftlichen Schaden erleidet, werden als Volksschädigung bestraft. Darunter fallen Verkäufe von Staatseigentum an ausländische Gruppen und die Schwächung deutscher Unternehmen durch Zukauf überteuerter Firmen aus dem Ausland. Bestraft wird auch in Fällen, in denen die Reichsregierung durch Enteignung den Schaden in Grenzen halten konnte.

(2) Volksschädigung wird durch Einziehung des Privatvermögens und Pfändung sämtlicher Versorgungsansprüche bis zum Existenzminimum bestraft. Je nach Schwere des Schadens kann zusätzlich eine Freiheitsstrafe bis hin zur gesetzlichen Höchststrafe verhängt werden.

(3) Wurde die Volksschädigung von parlamentarischen Gremien begangen, ist jeder Mandatsträger, der für diese Vorlage gestimmt hat, der Volksschädigung schuldig. Läßt sich anhand der Sitzungsprotokolle nicht ermitteln, wer für die Vorlage gestimmt hat, sind alle Angehörigen der Regierungsfraktionen als Schuldige zu betrachten.

Anmerkungen

Unter Volksschädigung fällt die getarnte Übergabe von Firmengeldern ins Ausland, indem überteuerte Töchter gekauft werden. Dies passierte beispielsweise bei Mannesmann, der Telekom und Daimler-Benz. Die Volksschädigung besteht darin, daß die Substanz der deutschen Firmen geschwächt wird und damit Arbeitsplätze in Deutschland verloren gehen.

Volksschädigung durch parlamentarische Gremien erfolgt, wenn beispielsweise stadteigene Wohnungsbestände durch Beschluß des Stadtrats an ausländische Investoren verschleudert werden. Dies schwächt nicht nur die Kommune selbst, sondern verteuert obendrein noch die Mieten der Bewohner.

§5 Verbreitung von Feindpropaganda

(1) In beiden Weltkriegen wurden von den Feinden des Deutschen Reiches Propagandalügen in Umlauf gesetzt. Als Beispiele seien hier nur abgehackte Kinderhände in Belgien (Erster Weltkrieg, kein einziges Opfer nachweisbar) oder die ermordeten polnischen Offiziere von Katyn (Zweiter Weltkrieg, nachweislich von den Sowjets verübt) angeführt. Wer derartige Propagandalügen nach der historischen Richtigstellung trotz besseren Wissens weiterhin verbreitet, wird mit Geldbuße oder Geldstrafe bestraft.

(2) Wer als Journalist wider besseren Wissens Feindpropaganda verbreitet, wird mit Publikationsverbot bis zu fünf Jahren, sowie mit Geldstrafe oder Gefängnis bis zu zwei Jahren bestraft.

(3) Die kommerzielle Verbreitung von Feindpropaganda und die Verunglimpfung von Deutschen als Tätervolk werden mit Entzug der Presselizenz bestraft.

(4) Bloße Meinungsäußerungen oder wissenschaftliche Recherchen in jeglicher Form zählen nicht als Verbreitung von Feindpropaganda.

Anmerkungen

Ziel dieser Bestimmung ist die Unterbindung von unreflektiertem Nachbeten deutscher Greueltaten, die historisch nicht nachweisbar sind. Schriften, Tonträger und Bilddokumente, die ausschließlich der Förderung des deutschen Schuldkomplexes dienen, dürfen nicht mehr verbreitet werden.

In beiden Weltkriegen passierten genügend Greueltaten und Kriegsverbrechen, durch alle Beteiligten. Eine alleinige Täterschaft von deutscher Seite muß deshalb als Feindpropaganda zum Nachteil des deutschen Volkes aufgefaßt werden. Ebenso sind die deutsche Alleinschuld und das deutsche Streben nach Weltherrschaft als Ursache der Kriege längst widerlegt. (Die Literaturliste würde ein eigenes Kapitel erfordern, ich beschränke mich darauf, auf das Internet zu verweisen, z.B. die Bücher von Tansill, Schultze-Ronhoff, Bavendamm, Suworow.)

Auf der anderen Seite darf die historische Forschung durch diesen Paragraphen nicht beeinträchtigt werden. Deshalb darf weder eine bloße Meinungsäußerung noch ein wissenschaftlicher Aufsatz zu einer Strafe führen. Die Einschränkungen dieser Regelung sollen verhindern, daß die BRD-Meinungsdiktatur unter anderem Vorzeichen wieder auflebt. Deshalb wird hier klar unterschieden zwischen Meinungsäußerung, Forschung und bezahlter Verbreitung.

§6 Denunziantentum

(1) Die gezielte Denunzierung Andersdenkender zur Aufrechterhaltung des BRD-Unrechts wird mit einem bis fünf Jahren Gefängnis bestraft. Außerdem hat der Denunziant den Geschädigten Schadensersatz zu leisten.

(2) Hartnäckige Wiederholungstäter werden mit bis zu zehn Jahren Gefängnis bestraft.

Anmerkungen

Wer einmal „rechte Gewalt" in seinem persönlichen Umfeld anzeigt, ist deshalb noch lange kein Denunziant. Dieser Paragraph richtet sich gegen Personen und Gruppen, die gezielt Veröffentlichungen und das Internet durchsuchen, um in inquisitorischer Absicht Meinungsabweichler aufzuspüren und den Behörden auszuliefern.

Die angemessene Strafe wäre ein Tag Arbeitslager für jeden Tagessatz, den solche Denunzianten bei ihren Opfern erreicht haben. Dabei sind auch die Kosten der Verfahren berücksichtigt, die auch im Fall einer Verurteilung auf den Steuerzahler fallen. Hexenjäger und Inquisitoren gehören ins Mittelalter, nicht in die heutige Zeit.

§7 Benachteiligung und Diskriminierung von Deutschen

(1) Jeglicher Amtsinhaber, der Deutsche härter behandelt als Nichtdeutsche, wird mit sofortigem Ausschluß aus dem Staatsdienst, Aberkennung der Pensionsansprüche und Gefängnis von zwei bis zehn Jahren bestraft.

(2) Minder schwere Fälle führen zum sofortigen Ausschluß aus dem Staatsdienst, der Halbierung der Pensionsansprüche und einer Geldstrafe.

Anmerkungen

Während gegen deutsche Staatsbürger mit Ausweis und festem Wohnsitz in der Regel bei jeder Straftat Ermittlungen durchgeführt und oft genug konsequent durchgegriffen wird, genießen Nichtdeutsche in Deutschland oft genug das Wohlwollen der Justiz. Da werden Verfahren wegen Körperverletzung ganz schnell eingestellt, da werden Drogendealer von Haftrichtern umgehend auf freiem Fuß gesetzt, da arbeiten sich Straftäter durch das ganze Strafgesetzbuch und bekommen gerade mal ein Wochenende Jugendarrest. Nur bei außergewöhnlich brutalen Fällen zur Wahlkampfzeit wird dies von den Politikern überhaupt zur Kenntnis genommen. Das Ergebnis ist eine Diskriminierung und Benachteiligung von Deutschen.

Diese Diskriminierung und Benachteiligung setzt sich durch zahlreiche Ämter fort. Hier wird der Grundsatz „gleiches Recht für alle" massiv verletzt. Prügeln sich zwei Deutsche, ist das eine Kneipenschlägerei, verprügelt ein Deutscher einen Ausländer, ist es ein rassistischer Übergriff, der von allen Medien verbreitet wird, verprügelt ein Ausländer einen Deutschen, wird das Verfahren mangels öffentlichem Interesses eingestellt.

Die Kriminalstatistik unterscheidet säuberlich zwischen rechts- und linksradikalen Straftaten, doch die Ausweisung von Straftaten durch Ausländer wird auf Anweisung von oben verhindert.

§8 Verbrechen gegen die Demokratie

(1) Verbrechen gegen die Demokratie können in zweierlei Weise stattfinden: Zum einen mit der Unterdrückung und Verfolgung von Minderheiten, zum anderen durch Mißachtung des erklärten Mehrheitswillens.

(2) Die Unterdrückung von Minderheiten und die gezielte Hetze gegen Andersdenkende durch Amtsträger in offizieller Funktion wird mit Geldstrafe oder Gefängnis bis zu zwei Jahren bestraft.

(3) Die Mißachtung des Willens der Mehrheit des Volkes durch gewählte Volksvertreter wird mit der Aberkennung jeglicher

durch das Mandat erworbener Pensionen und Gefängnis bis zu fünf Jahren bestraft.

(4) Die Begünstigung von privilegierten Minderheiten auf Kosten der Mehrheit wird mit sofortiger Amtsenthebung, Streichung aller Pensionen und Gefängnis bis zu zehn Jahren bestraft.

Anmerkungen

Politische Parteien sind berechtigt, ihre politischen Gegner aus wahltaktischen Gründen zu beschimpfen. Ein Vorgehen gegen politische Gegner mit den Mitteln des Staatsapparats stellt jedoch eine unzulässige Einflußnahme auf die politische Willensbildung dar und verstößt gegen die Grundsätze der Demokratie.

Es ist zwar nötig, daß die Regierung zum Wohl des Staates unpopuläre Entscheidungen trifft. Das berechtigt die Regierung jedoch nicht, sich generell über den Willen des Volkes hinwegzusetzen, wie bei der Einführung des Euro oder der Zustimmung zur EU-Verfassung geschehen. Ein derartiges Vorgehen verstößt ebenfalls gegen die Grundsätze eines demokratischen Staatswesens.

Die Demokratie bedeutet den Schutz von Minderheiten, aber nicht deren Privilegierung gegenüber der Mehrheit des Volkes. Die gezielte und konsequente Begünstigung einer Minderheit ist ebenfalls mit den Grundsätzen der Demokratie nicht vereinbar.

Abschlußbetrachtungen

Ich habe zunächst gezögert, dieses letzte Kapitel in das Buch aufzunehmen. Vielleicht besitzt es nur Unterhaltungswert, aber ich habe entschieden, daß diese Überlegungen zur Vollständigkeit der Konzepte beitragen.

Es geht hier um amateurhafte Astrologie, auf niedrigem Niveau, nicht um exakte Gründungshoroskope. Die Ergebnisse sind jedoch so interessant, daß ich sie unbedingt anführen möchte.

Ehe sich jemand beleidigt fühlt: Ich spreche von Staaten, von den reinen Typisierungen, und lasse dabei alle anderen Planeten außer Acht. In dieser hier geschilderten Reinstform finden Sie die Sternzeichen in keinem Menschen wieder.

Das Wilhelminische Kaiserreich: Steinbock

Die Gründung des Reiches fand am 19. Januar 1871 statt, was jenes Reich zu einem astrologischen Steinbock werden läßt. Der Steinbock steht für Disziplin und Selbstbeschränkung, für Effizienz und Gehorsam. Er steht für mehr Sein als Schein, verkörpert gewissermaßen die „preußischen" Tugenden.

Dieses Reich war tatsächlich ein vergrößertes Preußen. Historisch wird es als „kleindeutsch" bezeichnet, da mit Österreich der zweite deutsche Großstaat der damaligen Zeit ausgeschlossen wurde. (Die Einbeziehung Österreichs wurde als „großdeutsch" bezeichnet.) Das Reich war gerade groß genug, um von Preußen beherrscht zu werden.

Wir erleben hier die harte Arbeit, den zähen, aber stetigen Aufstieg. Das Reich war bei seiner Gründung ein rückständiger Agrarstaat, dem das Britische Empire das „Made in Germany" aufnötigte, um die billigen Massenartikel aus Deutschland von den eigenen Qualitätsprodukten unterscheiden zu können.

Dieses Reich hat sich kontinuierlich, beharrlich, stetig an die Weltspitze emporgearbeitet. Das Reich hat eine Bevölkerungsexplosion verkraftet, ohne in Massenarbeitslosigkeit zu verfallen. Wer seine Gesetze beachtete, lebte sogar in einem ausgesprochen liberalen Staat, der die Menschenrechte als so selbstverständlich betrachtete, daß er sie nicht extra in seiner Verfassung formulieren mußte.

Vergessen Sie bitte alle Propagandalügen, die heute über diesen Staat verbreitet werden. Das Reich war eine friedliebende Nation, die ihren „Platz an der Sonne" nicht durch Waffengewalt, sondern durch eigene Tüchtigkeit erringen wollte. Der oft geschmähte „Obrigkeitsstaat" war ein Vorbild an Effizienz und Rechtssicherheit – durchaus auch für die heutige Bundesrepublik.

Die Weimarer Republik: Skorpion

Diese Republik wurde am 9. November 1918 ausgerufen. Der Skorpion ist ein kompromißloses Sternzeichen, er verkörpert das Prinzip der Zerstörung und der Neuschöpfung.

Dies paßt sehr gut zur Inflation von 1923, die Ersparnisse von Generationen vernichtet hat, die totale Zerstörung des Geldwertes und seine Neuschöpfung durch die Rentenmark. Dazu gehören die politischen Unruhen, die ständig wechselnden Regierungen, die Straßenkämpfe der Linken und der Rechten.

Auch die Weltwirtschaftskrise und die sechs Millionen Arbeitslosen passen sehr gut zu einem Skorpion-Staat, der alles Bestehende auf den Prüfstand stellt und zerstört, was als zu schwach befunden wird.

Das Hitler-Reich: Wassermann

Dieser neue Staat wurde am 30. Januar 1933 ausgerufen. Der Wassermann steht für den geistigen Neuanfang, für völlig neue Ideen, wissenschaftliche Entwicklungen, Durchbrüche und Pionierleistungen. Er mißachtet die Kontinuität, will neu schaffen, das Alte überwinden.

Die größte und bislang einmalige Leistung des Dritten Reiches besteht darin, daß es binnen Monaten einen völligen Bewußtseinswandel herbeigeführt hatte. Die „Wende“ wurde uns 1982 und 1998 versprochen, statt dessen kamen der Aussitzer Kohl und das Brioni-Modell Schröder, die als Kanzler eben dieses Versprechen nicht einlösen konnten. Adolf Hitler hat es geschafft!

Innerhalb weniger Monate erfaßte damals eine Welle der Hoffnung das Land, wer zuvor gebeugt und niedergeschlagen durch die Straßen schlurfte, schritt jetzt befreit, gerade und selbstbewußt einher.

Dieses Reich hat in technischer und wissenschaftlicher Hinsicht derartige Pionierleistungen vollbracht, daß die Siegermächte des Zweiten Weltkrieges allesamt Gruppen von Beutegreifern in das zerstörte Reich geschickt haben, um sich die technischen Durchbrüche zu sichern.

Es ist nicht der Nationalsozialismus, der hier seinen Glanz zeigt, sondern es ist das Prinzip des Wassermannes, das sich hier klar erkennbar widerspiegelt.

Die Bundesrepublik Deutschland: Zwillinge

Mit dem offiziellen Gründungsdatum 23. Mai 1949 wird die BRD zum astrologischen Zwilling. Zwillinge sind vielseitig interessiert, ohne dabei in die Tiefe zu gehen, und unglaublich redselig. Allerdings wurde das Grundgesetz von den Alliierten am 8. Mai genehmigt, wodurch starke Stier-Tendenzen in den neuen Staat einfließen.

Ich gebe zu, ich tue mir schwer damit, die Alt-BRD allein dem überaus kommunikativen Zwilling zuzuordnen, scheinen doch so viele Dinge weitaus besser zum vorhergehenden Stier zu passen: die Freßwelle, das Wirtschaftswunder, die stabile Mark...

Aber da ist auch die Nahtstelle zwischen Ost und West, der zentrale Verhandlungsort im kalten Krieg, wo immer noch ein Weg der Verständigung gefunden worden ist, auch wenn scheinbar nichts mehr gegangen ist.

Die BRD war das Schaufenster des Westens, der verlockende Ort des Wohlstands, die ständige Verheißung... mit Berlin als seinem äußersten Vorposten, die leuchtende Insel im tristen Meer des Sozialismus'. Hier wurden jene Werte kommuniziert, die schließlich den Ostblock zersetzt haben.

Die BR des vereinten Deutschlands: Waage

Die Gründung erfolgte am 3. Oktober 1990, doch auch das „Zeugungsdatum" 9. November 1989 schwingt in diesem Staat mit. Die Waage ist die Meisterin des sowohl – als auch, der Pudding, der sich nicht an die Wand nageln läßt.

Die BRdvD bleibt im Ungefähren. Sie ist ein bißchen östlicher geworden als die alte Bonner Republik, aber zugleich so westlich geblieben, daß die Veränderungen nur sichtbar werden, wenn man genauer hinschaut. Dieser Staat hat sich nicht am Golfkrieg von 1991 beteiligt („sowohl"), aber anschließend mindestens 15 Milliarden Mark dafür bezahlt („als auch"). In der Regierung von 1998 saßen die offiziell pazifistischen Grünen – und trotzdem hat sie den ersten Kriegseinsatz der Bundeswehr befohlen. Der Golfkrieg von 2003 fand wieder ohne deutsche Beteiligung statt, dafür stehen deutsche Soldaten heute in Afghanistan, in Somalia und an vielen anderen Orten der Welt.

Von diesem Staat können andere Staaten alles haben – und dann doch nicht erhalten. Im Inneren hingegen wirkt sich der Zeugungs-Skorpion aus, hier wuchert ein Orwell-Staat heran, mit Dauerüberwachung und Gedankenpolizei. Im Äußeren hingegen fordert dieser Staat – ganz Waage – von anderen Staaten die Menschenrechte ein.

Das Heilige Römische Reich Deutscher Nation

Hier tue ich mir schwer, ein eindeutiges Gründungsdatum zuzuordnen. Der 25. Dezember 800, die Kaiserkrönung Karls des Großen? Der 7. August 936, die Königskrönung Ottos des Großen? Seine Kaiserkrönung am 2. Februar 962?

Wie verläßlich sind diese überlieferten Daten?

Außerdem ist dieses tausendjährige Reich alles und nichts, verkörpert Glanz und Elend, Macht und Zerrissenheit. Deshalb bleibe ich die astrologische Einordnung schuldig.

Sternzeichen für den zukünftigen Deutschen Bund: Schütze

Der Schütze ist idealistisch, friedliebend – und expansiv. Die Zeit vom 22. November bis 21. Dezember paßt deshalb wunderbar als Gründungsdatum des Deutschen Bundes. Der Bund führt keine Kriege, sondern er erweitert sich, indem er überzeugt und fremde Völker anlockt, an seiner Großartigkeit teilzuhaben.

Der Bund ist nicht das Reich, sondern seine Grundlage. Die Bundesländer fügen sich erst im nächsten Monat zum neuen Reich zusammen. Dieses Deutsche Reich soll länger Bestand haben und an alte Tugenden anknüpfen.

Sternzeichen für das neue Deutsche Reich: Steinbock

Das Neue lernt vom Alten, setzt dort an, wo sich das Alte bewährt hat. Mit der Gründung zwischen dem 22. Dezember und dem 21. Januar wird daraus ein Steinbock, mit den alten preußischen Tugenden.

Das neue Reich braucht ein stabiles, verläßliches Fundament, es soll Zuverlässigkeit, Beständigkeit und Stärke ausstrahlen, aber keine Aggression und keine Bedrohung.

Wir brauchen keinen Fisch, der sich aufopfert und religiösen, jenseitigen Zielen folgt. Keinen Widder, der immer nur kämpfen und siegen will. Unser Vorbild ist ganz sicher nicht der Krebs USA. Der alles beherrschende, glanzvolle Löwe war das britische Empire, das ins Nichts gefallen ist. Unter der kleingeistigen, regelungswütigen Jungfrau würde das Reich ebenfalls nicht gedeihen. Bleibt noch der Stier, der reiche, wohlbestallte und gut situierte Händler... Aber der paßt nicht zur deutschen Mentalität.

Von allem, was wir ausprobiert haben, war der Steinbock das Zeichen, das am besten zu uns gepaßt hat. Deshalb sollten wir das Gute wieder aufnehmen.

Zwei Nationalfeiertage

Der neue deutsche Staat besteht aus zwei miteinander verbundenen Staatsorganisationen: dem Deutschen Bund und dem Deutschen Reich, deshalb gibt es zwei Nationalfeiertage. Bei diesen schlage ich das vor, was bei der englischen Königin seit Jahrzehnten funktioniert: An ihrem tatsächlichen Geburtstag gibt es eine kleine interne Feier, später im Jahr, bei besserem Wetter, eine pompöse Parade für das Volk.

Am Gründungstag des Deutschen Bundes gibt es einen Festakt im Bundesrat, am Gründungstag des Deutschen Reiches einen Festakt im Reichstag, das genügt.

Dafür wird am ersten Mittwoch im März der erste Nationalfeiertag abgehalten, der Tag des Deutschen Bundes. Dieser Tag ist natürlich arbeitsfrei – und an ihm finden Wahlen und Bürgerentscheide statt. Die Bürger können ausschlafen, das Wahllokal besuchen, das mit einem Frühlingsspaziergang verbinden und am Nachmittag eventuell einem örtlichen Fest beiwohnen oder eine zentrale Feier im Fernsehen verfolgen. Aber natürlich kann man auch auf den anderen Programmen einen Spielfilm anschauen.

Der Reichsfeiertag findet am letzten Mittwoch im Oktober statt. Auch dieser Tag wird für Abstimmungen genutzt, der Ablauf ist ähnlich, wie beim Bundesfeiertag.

Beide Feiertage liegen außerhalb der Urlaubszeiten, bei vertretbaren Wetterbedingungen – und sie liegen weit genug auseinander, um die Ergebnisse der Abstimmungen zu beurteilen. Eventuell erforderliche Stichwahlen finden anderthalb Wochen später am Sonntag statt.

Ralf U. Hill

Das Deutschland Protokoll

J.K. Fischer Verlag

Das Deutschland Protokoll

Die Bundesrepublik Deutschland ist ein souveräner Staat und das Grundgesetz ist unsere Verfassung. So wird es uns seit 1990 hypnotisch eingetrichtert und beinahe jedermann glaubt es. Aber stimmt das wirklich so? Oder wird im angeblich *freiesten Staat Deutscher Geschichte* nur Augenwischerei betrieben? Wenn Sie an Tatsachen und nicht an Märchen interessiert sind, sollten Sie weiter lesen. Wenn Sie aber weiterhin den gleichgeschalteten Massenmedien unter US-Hoheit Glauben schenken möchten, dann legen Sie es besser wieder weg, denn die Fakten könnten Sie vielleicht überfordern! Dieses Buch offenbart Ihnen erstmals, dass die BRD kein souveräner Staat, sondern ein weiterhin fortbestehendes besatzungsrechtliches Mittel der Alliierten ist; warum sich die bundesdeutsche Politik weiterhin nach US-Vorgaben auszurichten hat oder warum seit 1990 keine gesamtdeutschen Wahlen stattfinden!

Sie finden hier erstmals alle Beweise und Fakten die es Ihnen selbst ermöglichen, die in diesem Buch vorgetragenen Behauptungen selbst zu überprüfen. Das Traurige an diesem Buch ist die Wahrheit darin. Derzeit sitzen wir nach offiziellen bundesdeutschen Angaben auf rund zwei Billionen, also 2.000 Milliarden Euro Schulden, die niemals getilgt werden können, sondern stetig wachsen. Wie setzt sich dieser Betrag zusammen? Wie wirkt sich das auf unsere Zukunft aus? Hier erfahren Sie es! Sie sind vielleicht der Meinung, das sei alles weit hergeholt?

Dann wissen Sie sicher auch, weshalb Sie einen *Personalausweis* und keinen *Personenausweis* besitzen! Aber wessen Personal sind Sie? Und sicher haben Sie auf Ihrem *Bundespersonalausweis* schon lange den gehörnten Teufel, den *Baphomet* entdeckt und kennen seine Bedeutung. Vielleicht sind Sie sich auch wirklich ganz sicher, das Deutschland mit dem *2 plus 4- Vertrag* von 1990 einen Friedensvertrag hat. Selbstverständlich ist auch das *Grundgesetz für die Bundesrepublik Deutschland* unsere Verfassung - auch das wird sogar in Schulen so gelehrt. Sie können hoffentlich mit diesen und mehr Enttäuschungen umgehen, denn genau dies wird dieses Buch mit Ihnen tun: Es wird Sie *enttäuschen* und Ihnen ungeschminkt die verschwiegenen Fakten präsentieren, vor denen sich die Bundespolitiker aller Fraktionen so sehr fürchten!

Die US- amerikanische *American Free Press* schrieb am 7. Oktober 2002: **„**Ironischerweise ist Deutschland keine souveräne Nation, ohne Friedensvertrag und mit über 70.000 US-amerikanischer Besatzungstruppen noch immer auf seinem Boden: Die USA und Großbritannien könnten die Bundestagswahl annullieren unter Deutschlands **tatsächlicher** Verfassung, dem Londoner Abkommen vom **8. August 1945**.**“**

Dies ist nur ein kleiner Vorgeschmack auf weitere Enthüllungen und Fakten dieses Buches. Unter anderem erfahren Sie: Warum die BRD kein Staat, sondern eine private Organisationsform ist; warum die BRD keine Rechtsgrundlage für ihr Handeln besitzt; warum die bundesdeutschen Regierungen und alle Wahlen seit 1990 illegal sind; weshalb Berlin kein Bundesland der BRD sein kann; weshalb jeder Bundesdeutsche staatenlos ist; wieso es keine Staatsangehörigkeit „Deutsch“ gibt; wieso Sie einen roten und keinen blauen Reisepass besitzen; wofür und für wen Sie hohe Steuern zahlen; warum Deutschland weiterhin von den USA besetzt ist; was das Grundgesetz ***für*** die Bundesrepublik Deutschland wirklich ist; warum Deutschland keinen Friedensvertrag hat, den die BRD nicht abschließen kann; warum Deutschland noch immer unter mittelbarem Kriegsrecht steht; weshalb der Euro keine legale Banknote ist und keinen Bestand haben wird; warum Bundeswehrsoldaten Söldner und Freischärler und keine Soldaten im Sinne des Völkerrechts sind; warum sich die BRD nicht an das Völkerrecht hält - und vieles mehr!

Vergessen Sie die *freie Presse*! Vergessen Sie die *freien Medien*! Vergessen Sie die *frei gewählten Politiker*! Vergessen Sie alles, was man Ihnen bisher erzählte und prüfen Sie den Inhalt des Buches auf seinen Tatsachengehalt selbst nach! Aber Vorsicht: Sie werden künftig die Welt mit ganz anderen Augen sehen!

ISBN 978-3-940845-88-7

Michael Winkler

DDR 2.0

J.K.Fischer Verlag

DDR 2.0

Bis 1989 war alles ganz übersichtlich. Da gab es die „Bundesrepublik Deutschland" (BRD) und die „Deutsche Demokratische Republik" (DDR). Da wußte jeder, wo rechts und links ist, wo gut und wo böse.

1990 wurden diese beiden Staaten vereinigt. Das Geld der BRD galt jetzt auch in der DDR, von der Hauptstadt der BRD wurde die DDR durch die Parteien der BRD regiert. Offiziell heißt der Gesamtstaat immer noch BRD, oder ganz korrekt: „Bundesrepublik des vereinigten Deutschlands" (BRdvD).

Die BRD hat gewonnen, die DDR ist verschwunden, sagt man uns. Wer jedoch in der BRD aufgewachsen ist, merkt, wie sehr sich der Staat verändert hat. Die „Errungenschaften" der BRD, Freiheit und Demokratie, gehen heute mehr und mehr verloren, ebenso die einstigen Errungenschaften des Sozialismus', das alle umfassende Sozialsystem.

Die BRdvD wird dabei mehr und mehr zu dem, was mir vor 35 Jahren in der Schule als Negativbild der DDR dargestellt worden ist. Was wir heute erleben, ist ein Staat, welcher die schlechten Eigenschaften seiner Vorgänger in sich vereinigt. Eine Nicht-mehr-BRD, voller sozialer Kälte, die in der Staatsführung immer mehr zur neuen DDR wird. Oder, wie es im Computerzeitalter genannt wird: zur DDR 2.0.

Erscheint Herbst/Winter 2008

ISBN 978-3-940845-XX-X

2034 – Der Abschied vom Abendland

Hier erfahren Sie in konzentrierter Form und leicht verständlich, was die besten Wissenschaftler Deutschlands und der Welt zu sagen haben:

- zu unserem Staat mit der Entwicklung seiner Kultur seit dem Römischen Reich
- zur Bevölkerungsentwicklung in Europa und insbesondere in Deutschland und wie dieser demografische Selbstmord gestoppt werden kann
- zu den gängigen Wirtschaftstheorien mit einschlägigen Beispielen, was Interessenpolitik und was die nachgewiesene Wahrheit ist
- zur Entstehung des Islams, den wichtigsten Aussagen des Korans und seiner weltweiten Interpretation durch heutige muslimische Repräsentanten und westliche Wissenschaftler
- zur Geschichte und Gegenwart der Türkei und deren Drang nach Europa.

Die Fakten sind sorgfältig recherchiert, leicht verständlich dargeboten und mit 177 Quellennachweisen belegt.

Neben der wissenschaftlichen Aufarbeitung des Autors haben zwei sehr begabte Romanschreiber einen mitreißenden Kriminalroman geschrieben.

Der Roman **2034 - Der Abschied vom Abendland** soll eine Warnung sein wie der Roman **1984**, der vor grausamen Diktaturen in vollkommen überwachten Staaten warnte. 50 Jahre später sieht die Bedrohung anders aus. Nicht gewaltsame Gehirnwäsche, sondern **"politisch korrekte"** Umdeutungen verführen uns in einen neuen, diesmal demokratischen Kollektivismus mit vernichtenden Folgen: Die Deutschen gehen innerhalb von 100 Jahren als Volk unter und machen anderen Völkern mit anderen Kulturen Platz.

Wie das verhindert werden kann, zeigt dieses konstruktive Buch:

- Wie kann der dramatische Einbruch der Geburten, die sich seit 1965 halbiert haben, umgedreht werden?
- Was ist gegen die strukturelle Arbeitslosigkeit zu tun?
- Wie können wir die Globalisierung nutzen und die Billigkonkurrenz aus Fernost zügeln?
- Warum darf die Türkei nicht EU-Mitglied werden?
- Welche Vorteile hat eine direkte Demokratie?
- Welche Wertvorstellungen haben der Islam und Europa?

ISBN 978-3-00-023367-8

Betrüger Republik Deutschland

Wir leben in einer freiheitlich-demokratischen Grundordnung, im liberalsten Staat, der je auf deutschem Boden existiert hat. Unsere Gesellschaft ist offen und pluralistisch. Der Staat garantiert unsere Grundrechte, wie Meinungsfreiheit, Unverletzlichkeit der Wohnung, Recht auf Leben und Recht auf Eigentum. Der Staat garantiert Chancengleichheit und sorgt für die Gleichheit der Lebensverhältnisse. Um diese Aufgaben zu erfüllen, erhebt der Staat Steuern, die zum Nutzen unseres Volkes ausgegeben werden.

Wenn Sie bisher bei jedem Satz zustimmend genickt haben, dann ist dieses Buch nichts für Sie. Stellen Sie es zurück und leben Sie lange und in Frieden in Ihrer hoffentlich heil bleibenden Besten aller Welten.

Zwischen Anspruch und Wirklichkeit im deutschen Staat liegen Welten. Dies ist auch dem scheinbar unbedarftesten Politiker bekannt. Die Handlungen unserer Politiker mögen unsinnig, ja idiotisch erscheinen, aber Politiker sind weder dumm noch unwissend.

Ganz im Gegenteil, die Politiker wissen genau, was sie tun, und sie tun das mit voller Absicht. Sie stellen wissentlich die Tatsachen falsch dar und erlangen dadurch Vorteile zum Schaden der Betroffenen, also uns Bürgern. Das Strafrecht kennt dafür einen eindeutigen Begriff:

Betrug!

Dieses Buch können Sie beim J.K.Fischer-Verlag bestellen.

Was wirklich im Grundgesetzt steht

Das Grundgesetz ist die großartige Verfassung der Bundesrepublik des vereinigten Deutschland und garantiert uns die Unantastbarkeit aller möglichen tollen Rechte, von denen unsere Vorfahren nur träumen konnten.

Richtig?

Nein! Zu allererst: Das Grundgesetz ist keine Verfassung, es ersetzt nur die Verfassung, die andere Staaten haben – sogar die DDR hatte eine. Das Grundgesetz sollte die Verfassung ersetzen, bis sich das wiedervereinigte Deutschland per freier und souveräner Volksabstimmung eine wirkliche Verfassung gibt. Das steht so im Grundgesetz.

Also sind wir entweder nicht frei, noch immer nicht wiedervereinigt oder unsere Abgeordneten wollen uns ganz einfach nicht über eine Verfassung abstimmen lassen. Volksabstimmungen haben hin und wieder unvorhersehbare Ergebnisse, vor allem bei Verfassungen...

Anders als Abgeordnete bei der EU-Verfassung würden viele Leute vom Volk eine deutsche Verfassung durchlesen, bevor sie darüber abstimmen. Dann wüßten die alle, was in der Verfassung steht – und fragen sich, wer wollte, daß das alles darin stehen soll.

Also bleibt es beim Grundgesetz. Ich möchte Sie einladen, sich dieses zentrale Gesetz der BRdvD einmal näher anzuschauen, und das nicht in einem abschreckenden, für Juristen geschriebenen Kommentar, sondern zusammen mit mir, einem über das Gefundene verblüfften Mitbürger.